아이의 성장속도에 맞는 새로운 책읽기
초등 적기독서

아이의 성장속도에 맞는 새로운 책읽기
초등 적기독서

초판 1쇄 발행 2013년 5월 25일
초판 9쇄 발행 2020년 10월 20일

지은이 장서영 **펴낸이** 김종길 **펴낸 곳** 글담출판사

책임편집 이경숙 **기획편집** 이은지·이경숙·김보라·김윤아
마케팅 박용철·김상윤 **디자인** 엄재선·손지원 **홍보** 정미진·김민지 **관리** 박인영

출판등록 1998년 12월 30일 제2013-000314호
주소 (04029) 서울시 마포구 월드컵로 8길 41 (서교동483-9)
전화 (02) 998-7030 **팩스** (02) 998-7924
페이스북 www.facebook.com/geuldam4u **인스타그램** geuldam
블로그 http://blog.naver.com/geuldam4u

ISBN 978-89-92814-70-6 (13370)
책값은 뒤표지에 있습니다.
잘못된 책은 바꾸어 드립니다.

이 도서의 국립중앙도서관 출판시도서목록(CIP)은 e-CIP 홈페이지(http://www.nl.go.kr/ecip)
와 국가자료공동목록시스템(http://www.nl.go.kr/kolisnet)에서 이용하실 수 있습니다.
(CIP 제어번호 : 2013005268)

> 글담출판에서는 참신한 발상, 따뜻한 시선을 가진 원고를 기다리고 있습니다.
> 원고는 글담출판 블로그와 이메일을 이용해 보내주세요. 여러분의 소중한 경험과 지식을 나누세요.
> **블로그** http://blog.naver.com/geuldam4u   **이메일** geuldam4u@naver.com

아이의 성장속도에 맞는 새로운 책읽기

適期讀書

초등 적기독서

장서영 지음

글담출판사

장서영 선생님이 밝히는 적기 독서의 중요성

▶ 미국도서관협회(American Library Association)에서는 도서 선정의 주된 원리로 '적기에 적서를 적자에게 제공하는 것'이라고 규정하고 있다.

▶ 아이의 뇌 발달을 고려해 조기 교육을 금지하고 있는 영국을 비롯해, 이스라엘, 독일, 핀란드 등은 취학 전에 문자나 수를 가르치지 않는 것으로 알려져 있다. 핀란드에서는 8세 이전의 아이들에게 공식적인 읽기 교육을 하지 못하도록 법으로 금지하고 있지만, 읽기 성적을 비교한 국가 간 조사에서 꾸준하게 최상위 성적을 유지하고 있다. 독서 교육을 서둘러 하지 않아도 읽기능력이 우수한 것은 이들 국가의 독서 교육이 두뇌 발달 단계 및 이해력 발달 단계를 따르기 때문이다. 다른 아이들에 비해 독서량이 부족해도 아이의 능력과 발달에 맞는 적기 독서가 이루어질 때 비로소 아이가 성장한다.

▶ 언어와 기억을 담당하는 측두엽과 학습 기능을 담당하는 두정엽이 채 발달되지 않은 저학년 아이에게 논리력이 필요한 책만 읽힐 경우 아이의 두뇌 발달은 그 기초마저 흔들리고 만다.

▶ 두뇌는 문제를 인식하고 적용하고 해결하는 등 다양한 일을 하는 뇌세포들로 가득 차 있다. 이러한 뇌세포들은 경험을 통해서 하나씩 만들어지고 재구성되고 학습되어진다. 뇌세포와 뇌세포는 시냅스로 이어져 거대하고 복잡한 신경 전달망을 이루는데, 시냅스의 발달 정도에 따라 정보의 이동 속도와 양이 달라진다. 이 신경 조직망을 구성하는 데 가장 중요한 역할을 하는 것이 독서다.

▶ 전두엽을 예로 들면 보통 3~5세부터 발달하기 시작하는데, 도덕성 발달과 관련이 깊은 부위다. 전두엽이 발달하는 시기에 전래동화처럼 선악이 극명하게 다뤄지는 책을 읽으면 두뇌의 이 부위가 발달하는 효과가 있다. 또 이 시기는 읽기를 준비하는 단계로 독서에 대한 흥미가 결정되는 때이기도 하다. 따라서 아이가 흥미를 보일 만한 다양한 책을 읽힘으로써 책에 대한 관심을 높일 수 있다.

▶ 심리학자 매슬로우(Abraham H. Maslow)는 아이는 먹고 자고 배설하는 '생리적 욕구'를 거쳐 '안전'에 대한 욕구를 가지게 되며, 이후 '사랑하고 사랑받고 싶은 욕구와 소속의 욕구'를 가지게 된다고 한다. 이후 타인으로부터 '자신의 존재 가치를 인정받고 싶은 욕구'

를 가지게 된다고 한다. 이러한 발달 과정에 적합한 욕구가 충족될 때 아이는 긍정적인 정서를 가지게 된다. 정서적 욕구가 충족되지 않은 아이는 욕구불만에 휩싸이기 쉽고, 정서적으로 불안해진다. 아이의 정서 발달은 아이의 욕구에 적합한 독서를 통해서도 꾀할 수 있다. 정서는 감정과 혼동되기도 하는데, 감정이 어떤 사건에 대한 일시적인 느낌이라면, 정서는 지속적으로 유지되는 느낌이라고 할 수 있다. 따라서 감정을 잘 다스리는 것이 정서 발달에도 도움이 된다. 아이들에게 책읽기는 다양한 감정을 느낄 수 있게 해주는 효율적인 도구이다.

▶ 적기 독서는 부모가 아닌 '아이'를 중심으로 한다. 당연히 아이는 책을 읽는 즐거움을 깨닫게 되고 스스로 책을 찾아 읽게 된다. 스스로 생각하며 독서하는 아이는 책에서 새롭게 얻은 지식을 이미 알고 있는 지식과 연결시켜 사고를 확장시킨다. 이러한 사고 과정이 새로운 지식에 대한 호기심과 욕구로 이어지게 된다. 능동적인 책읽기가 가능해지는 것이다.

▶ 아이는 책의 70%가 아는 내용이며 모르는 어휘가 10% 이하여야 가장 효율적으로 책을 읽을 수 있다. 한 쪽에 모르는 낱말이 2~3개만 있어도 내용을 이해하지 못하므로, 아이의 수준을 벗어나는 책은 아무리 많이 읽혀도 전혀 효과가 없다. 오히려 독서 흥미를 떨어뜨릴 뿐만 아니라 나아가 학습 동기마저 앗아 간다.

▶ 독서는 남이 하는 것을 따라 하는 게 아니다. 아이가 좋아하는 분야는 노력에 따라 고등 사고인 창의적 사고까지 이끌어 낼 수 있으며, 그렇지 않은 분야는 관심을 갖는 일부터 시작해야 한다. 이러한 특성을 파악하여 아이의 수준에 맞는 책을 찾아 읽을 수 있도록 도와야 한다. 이렇게 시작하는 게 적기 독서다. 관심이 있어 잘 하는 분야에서 깊은 사고를 할 수 있을 때 다른 분야에까지 응용이 가능해진다. 이것 찔끔 저것 찔끔 하다 보면 무엇 하나 좋아하고 잘하는 분야가 없게 된다.

머리말

아이들의 성장을 돕는 책읽기, 적기 독서

책을 많이 읽는 아이를 부러워하지 않는 부모가 있을까? 그런데 소위 책을 많이 읽는다는 아이들을 지도하다 보면 방금 읽은 내용조차 제대로 설명하지 못하는 경우가 많다. 심지어 엉뚱한 내용을 이야기하는 아이도 있다.

학교에서도, 집에서도 책읽기를 강요하는 현실 속에서 아이들은 누가 더 많이 읽는지 경쟁하듯이 책을 읽는다. 자연히 책의 내용을 충분히 음미하며 읽는 것이 아니라 한 권이라도 더 보기 위해 대충 대충 읽다 보니 잘못된 읽기 습관을 가지게 된다. 평소 책을 즐겨 읽고 좋아하던 아이가 고학년(혹은 중학생)이 되면서 급격히 책을 멀리하고 성적이 떨어지는 것도 이 때문이다.

프랑스 작가 다니엘 페낙(Daniel Pennac)은 그의 책 『소설처럼』에서 "'읽다'라는 동사에는 명령법이 먹혀들지 않는다."라는 말을 하였다. 그의 말을 증명하듯, 최근 10년 사이 부모의 열정적인 독서 교육으로 아이들의 독서량은 늘었지만, OECD(경제협력개발기구) 국가 간의 독서량에 따른 학업 성취도 평가에서는 저조한 성적을 기록했다. 부모의 노력에도 아이들의 독서력은 제자리걸음인 것이다.

나 역시 아이를 둔 엄마인지라 독서에 집착하는 부모의 심정을 모르는 바는 아니다. 하지만 독서 현장에 있다 보면 많은 부모가 아이의 읽기 수준을 잘못 알고 있으며, 그릇된 독서 상식을 가지고 있는 것을 보곤 한다.

강연장에서 만난 많은 학부모들은 공통적으로 "고가의 백과사전 전집을 구입해야 하나요?" "입학 전에 책을 많이 읽히려면 어떻게 해야 하나요?" "과학책이나 역사책을 읽어야 하는데, 우리 아이는 창작동화만 읽어요. 어떻게 바꿔 놓을 수 있나요?" "학원을 보내지 않고 책만 읽히고 있는데, 책을 많이 읽으면 창의성과 학습능력을 모두 잡을 수 있겠죠?"와 같은 질문을 쏟아 낸다.

책읽기의 주체인 '아이'가 질문에 쏙 빠져 있다. 아이의 수준과 무관하게 좋은 책만 무조건 많이 읽으면 된다고 생각하는 것이다. 아이의 수준과 발달을 고려하지 않은 독서는 오히려 아이의 성장을 저해한다. 자신의 수준에 맞지 않는 책을 읽다 보면 자연적으로 부모에게 도움을 받을 수밖에 없다. 그러니 책을 읽어도 얻을 수 있는 효과는 극히 미미할 수밖에 없다. 또 아직 논리적 사고가 발달되지 않은 저학년에게 논리력을 요구하는 책만 읽힐 경우 아이의 두뇌 발달 과정에 차질을 빚을 뿐 아니라 결국 두뇌 발달의 기초마저 흔들리고 만다. 사실 독서에 부작용이란 있을 수 없다. 잘못된 읽기법이 있을 뿐이다.

요즘 공부하는 주부, 일명 '공주'들이 참 많다. 본인의 자아 실현을 위해 공부하는 엄마들도 있지만, 내가 주로 만나는 이들은 자녀교육을 위해 공부하는 엄마들이다. 그런데 공주들이 주의해야 할 점이 있다. 아이의 능력이나 학년보다 앞서 나가지 말아야 한다는 점이다. 부모가 해야 할 일은 아이에게 지식을 주입시키는 것이 아니라 아이가 자신의 성장 속도에 맞춰 능력을 갈고닦을 수 있도록 도와주는 것이다. 이는 독서에서도 마찬가지다. 초등 아이들은 매일매일 신체가 자라나고 두뇌와 정서가 발달한다. 이에 따라 읽어야 할 책과 익혀야 할 독서법이 다를 수밖에 없다. 학년별 권장도서가 아이의 수준을 결정짓는 게 아니다. 인지와 정서, 사회성 발달 과정을 두루 살펴 내 아이에 맞는 책을 제공하고 수준에 맞는 읽기 방법을 적용해야 한다.

이러한 책읽기가 바로 적기 독서다. 지금부터라도 올바른 책읽기로 아이의 성장을 이끌어 줄 수 있도록, 그동안의 독서 지도 경험과 연구 결과를 바탕으로 적기 독서가 왜 필요한지, 얼마나 중요한지, 어떻게 할 수 있는지에 대해 낱낱이 소개하고자 하였다. 다양한 지도 사례를 곁들여 이해를 돕고자 하였는데, 소개한 아이들의 이름은 인권을 보호하기 위해 가명을 사용하였다. 이 책의 핵심인 학년별 적기 독서법을 참고하여 '지금 내 아이에게 읽혀야 하는 책은 무엇이며, 왜 그 책을 읽혀야 하는지'를 진지하게 고민해 보길 바란다.

적기 독서란 아이의 성장 과정 및 읽기 수준에 맞는 도서를 제공하는 일에서 시작된다. 책을 고를 때는 '좋은 책인가'보다는 '우리 아이에게 알맞은 책인가'에 중점을 두어야 한다. 이 세상에는 나쁜 책도, 이상한 책도 많지만 좋은 책도 참 많다. 좋다고 하여 그 많은 책을 아이에게 다 읽으라고 할 수는 없는 노릇이다. 독서는 양보다 질이다. 스스로 책을 찾아 읽고 생각하는 아이로 키우는 일, 책읽기를 즐거워하는 평생 독자로 키우는 일이 가장 중요하다.

여기에 소개한 책들은 두뇌·정서 및 사회성 발달 단계에 적합한지, 학년 수준에 맞는 주제를 갖고 있는지, 지식의 깊이를 위계화했는지 등을 기준으로 엄선하였다.

　만화책을 싫어하는 부모들은 좋은 만화를 함께 읽는 즐거움을 누려 보길 권하며, 지식정보책만 강요했던 부모들은 그림책과 옛이야기, 생활동화의 매력을 아이와 함께 읽고 직접 느껴 보았으면 한다. 시리즈로 출간된 책의 경우 전체를 소개하지 않고 한두 권의 책만 거론하였는데, 그 까닭은 시리즈라 하더라도 모든 책이 동일한 수준이 아니기 때문이다. 즉 시리즈 가운데 연령이나 이해력 수준에 맞는 책을 선택해 주는 요령도 필요하다. 덧붙여 좋은 책을 고르는 방법은 분야별로 분류하여 본문에 따로 소개하였다.

　아이마다 성장 속도는 다르지만, 일반적인 발달 수준에 준하여 도서를 제시했다. 주제가 맞지 않아 여기에 언급하지 못한 좋은 책들도 많다는 점을 미리 밝혀 둔다. 개중에는 절판 도서들도 있는데, 절판되었다는 이유로 생략하기에는 너무나 좋은 책들로 도서관에서 충분히 빌려 볼 수 있어서 소개했다.

　부모가 책을 읽어 주는 일은 아픈 아이를 치료하는 효과가 있다는 보고가 있다. 아무쪼록 짧은 시간에 최대의 효과를 기대하는 책읽기가 아니라, 다소 느리더라도 아이의 성장을 도울 수 있는 책읽기에 관심을 가져 주길 바란다.

　끝으로 아이들의 사례 수집과 분석을 도와준 더스터디 학습코칭센터 박중근 원장님과 도서를 선정할 때 함께 고민해 준 연구원 정순미, 정인숙, 이영숙, 박현주, 김소라 선생님에게 감사드린다.

차례

머리말 | 아이들의 성장을 돕는 책읽기, 적기 독서   6

부모의 잘못된 독서 교육이 아이를 망친다

1-1 | 아이의 독서력은 엄마의 안목이 좌우한다
- 읽고 싶은 한 권의 책과 만나는 짜릿한 경험을 선사하라   21
- 부모는 속지 말아야 한다   25
  부모를 한없이 약하게 만드는 마법의 단어
- 아이의 나이가 도서 선정의 절대적 기준이 되어서는 안 된다   29
  '저학년을 위한 책'을 고학년이 읽으면 안 될까?
- 어떻게 좋은 책을 고를 수 있을까?   34
  분야별로 알아보는 책 선정법

1-2 | 독서를 즐길 수 있는 환경을 조성해 주었는가?
- 책 나르는 엄마와 도망가는 아이, 무엇이 문제일까?   41
- '얼마나'가 아니라 '제대로' 읽었느냐가 중요하다   44
  잘못된 책읽기를 부추기는 제도
- 아이들의 독서력이 독서량에 비해 제자리걸음인 이유   49
- 독서 학원을 보내기 전에 그 목적을 분명히 해라   52

2장 적기 독서가 아이의 미래를 좌우한다

2-1 | 적기 독서란 무엇인가?

- 한 권의 책이라도 아이 수준에 맞는 책을 읽혀라   57
- 두뇌 발달 속도에 맞는 독서가 필요하다   62
- 정서 발달 속도에 맞는 독서가 필요하다   65
- 적기 독서가 어휘력을 향상시킨다   67
  아이에게 어려운 시사 어휘, 이렇게 가르쳐라
- 적기 독서는 자기 주도성 교육의 시작이다   71

2-2 | 적기 독서의 성공 법칙

- 적기 독서의 핵심은 아이에 대한 믿음이다   75
- 아이의 독서 준비를 먼저 점검하라   78
- 초등학교 시기에 적합한 읽기 기술이 있다   82

3장 보이지 않는 것을 상상하는 힘을 키우는 1학년

- 세상 모든 일을 상상의 세계로 끌어들인다　87
- 부모의 반응이 아이의 상상력을 결정짓는다　89
  그림책으로 상상의 씨앗을 뿌려라
- 스토리텔링에서 상상력이 시작된다　95
- 아이의 책을 버리지 마라　99
- 아이에게 〈양치기 소년〉을 읽히면 안 되는 이유　103
- 당장 가르치려 하지 마라　108
  스스로 깨우치는, 옛이야기 들려주는 법
- 구체어로 읽기능력을 향상시켜라　113
  경험을 통해 터득하는 시기, 사전을 멀리하라

4장 유창하게 읽기 시작하는 2학년

- 독서 습관을 완성해야 하는 시기　119
- 아이의 지적 호기심을 자극하고 충족시켜라　121
  환상 세계에서 벗어나 현실 세계에 입문하다
- 하나씩 알아 가는 재미를 느끼게 하라　124
- 학습 만화에 무슨 문제가 있는 걸까?　127

- 사회성은 학습을 통해 발달한다   130
   남에게는 엄격하고 자신에게는 관대한 아이들
- 생활동화로 사회성을 키워라   133
   아이의 상황에 따라 골라 읽혀라
- 음독과 묵독의 과도기   141

책읽기의 과도기이자 급격한 변화가 찾아오는 3학년

- 아이의 성향에 따라 책읽기도 달라야 한다   147
- 다양한 읽기 자료로 견문을 넓혀라   150
- 3학년은 도서관을 가장 효율적으로 이용할 수 있는 시기다   155
- 달라진 교과목, 자아 효능감이 필요하다   157
   배경지식이 쌓일수록 자아 효능감이 높아진다
- '소수의 책벌레'와 '다수의 책 싫어'로 나뉘기 시작한다   162
- 급격히 심해지는 독서 편식을 잡아라   165
- 저학년의 읽기법을 버려라   168
- 그림책에서 이야기책으로 넘어가는 전략을 가르쳐라   170
   환상과 현실이 결합된 이야기를 읽혀라

6장
본격적인 학습이 시작되는 4학년

- 독서력을 높일 수 있는 절호의 시기　177
- 글의 구조를 알면 효율적인 독서가 가능하다　179
  문학 작품 읽기 전략 | 비문학 작품 읽기 전략
- 성(性)이 궁금해지는 나이, 정확히 알려 줘라　186
- 지시와 명령은 대화가 아니다　188
- 모든 교과 공부의 바탕, 학습 독서가 중요해진다　191
  학습 독서의 목적은 '스스로 생각하는 힘'이다
  아이의 호기심을 자극하며 읽어 주어라
- 사회 현상을 바라보는 가치관이 형성된다　195
- 다시 그림책 읽기부터 시작하라　199
- 아이의 모험 심리를 대리만족시켜라　201
- 학년이 올라갈수록 상위인지능력이 중요해진다　203
- 추상어에 강한 아이로 키워라　206

7장
옳고 그름을 따지기 좋아하는 5학년

- 모순되는 이 시기 아이들, 멘토가 필요하다　211
- 자기중심적인 사고에서 벗어났을 때 위인전을 읽을 수 있다　213
  모든 위인의 이야기가 좋은 건 아니다 | 비판하며 읽는 자세가 중요하다

- 역사는 전체 흐름을 읽어야 한다   220
    어떤 역사책이 좋을까? | 역사책, 어떻게 읽어야 할까?
- 문학은 온전한 작품으로 읽었을 때 의미가 있다   227
- 대화를 통해 아이의 사고력을 높여라   232
- 스스로 고치기 힘든 독서 습관, 함께 읽기가 답이다   235
    토론을 통해 나와 다른 생각을 배운다

생각이 깊어지고 스스로 판단하는 6학년

- 두 번째 심리적 이유기가 시작된다   241
    아이의 사춘기, 객관적으로 바라봐야 한다
- 흔들리는 아이의 마음을 책으로 보듬다   245
- 오직 나를 위해, 내면의 글을 쓸 준비가 되다   250
- 사고가 미성숙한 시기, 다양한 사고의 관점을 간접 경험시켜라   254
    적극적 읽기를 통해 논리적 사고력을 향상시켜라
- 부모의 가르침을 잔소리로 받아들인다면 고전을 읽혀라   258
- '꿈'의 의미를 알 때 진정한 꿈을 갖게 된다   260
    꿈이 명확해질수록 실현 가능성은 높아진다

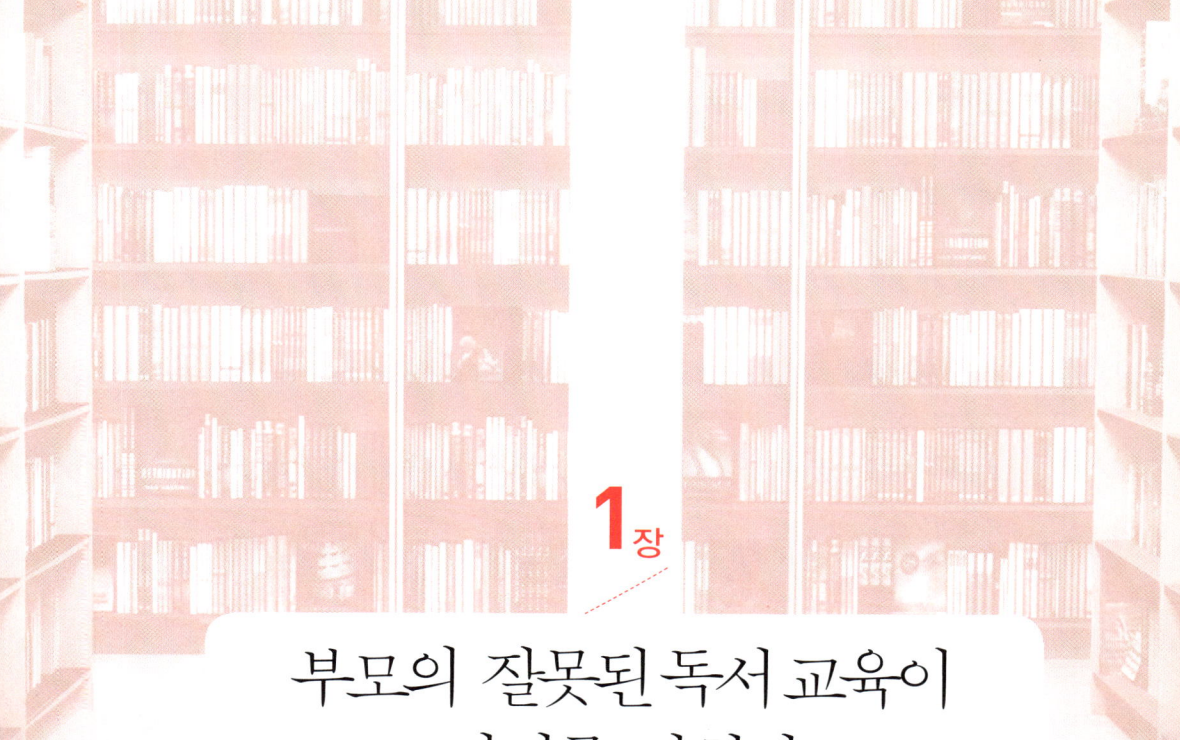

1장
부모의 잘못된 독서 교육이 아이를 망친다

아이의 독서력은 부모에 의해 결정된다고 해도 과언이 아니다. 그런데 오늘날 많은 부모가 잘못된 독서 함정에 빠져 아이의 독서력을 저해하고 있다.

| 당신이 알고 있는 독서 상식을 확인해 보세요 |

부모의 독서 지도에 따라 아이의 독서력이 좌우된다고 해도 과언이 아닙니다. 올바른 독서 상식을 가지고 있는지 확인해 볼 필요가 있습니다. 다음 질문을 읽고 맞다고 생각하면 ○, 틀리다고 생각하면 ×를 표시하고 그 결과를 확인해 보세요.

1. 전집은 아이의 꾸준한 독서 습관을 들이는 데 도움이 되지 않는다.
2. 글자가 많은 책보다 그림책을 많이 읽으면 상상력과 어휘력, 창의력이 향상된다.
3. 책을 고를 때는 '베스트셀러'보다 '스테디셀러'를 선호한다.
4. 'ㅇ학년용 도서'에 신경 쓰지 않는다.
5. 추천도서나 권장도서에 신경 쓰지 않는다.
6. 책을 구입할 때는 홈 쇼핑이나 방문 판매보다는 아이와 함께 서점을 이용한다.
7. 아동도서는 학습에 직접적인 도움이 되지 않아도 무방하다.
8. 신간보다 오래된 책에 믿음이 간다.
9. 큰아이가 읽었던 책을 동생에게 그대로 물려줘도 무방하다.
10. 부모가 책 읽는 모습을 보여 주는 것이 아이 독서에 도움이 된다.
11. 아이의 학년에 따른 교과서 수준을 알고 있다.
12. 독서 편식은 누구나 하는 것이며 자연스러운 현상이다.
13. 이웃의 추천보다는 전문가의 도서 정보를 신뢰하여 따르고 있다.
14. 책을 살 때는 아이의 의견이 중요하다.
15. 책을 꾸준히 읽게 하려고 독서록 쓰기를 지도하는 것은 어리석은 일이다.
16. 같은 책을 재독(여러 번 읽기)하는 것은 아주 좋은 습관이다.
17. 책을 읽은 뒤의 독후 활동은 오히려 책읽기를 방해하기도 한다.
18. 만화 읽기는 독서 습관에 도움이 된다.
19. 취학 전에 책을 많이 읽어 두었다고 하여 공부를 잘하는 것은 아니다.
20. 책을 많이 읽게 하기 위해 독서 학원에 보낼 필요는 없다.

| ○의 수를 세어 해당하는 결과를 확인해 보세요. |

◐ 16개 이상

당신은 이미 독서 전문가입니다. 책을 읽고 혹시 미흡한 부분은 없는지 꼼꼼히 확인해 보세요.

독서에 필요한 내적·외적 환경을 스스로 조절하는 능력이 우수한 편입니다. 아이의 독서 지도에 적극적으로 참여하고, 아이의 독서 문제를 효과적으로 해결하며 아이의 능력에 따라 독서 지도를 계획하고 관리할 수 있습니다. 책을 선택할 때와 마찬가지로 지도를 할 때도 다양한 전략을 활용합니다.

◐ 10~15개

독서 지도를 할 때 부분적으로 잘못된 결정을 내릴 수 있습니다. 자신에게 부족한 면을 중점적으로 잘 살펴보세요.

독서에 필요한 준비물과 자료를 갖추려고 노력하는 편이지만, 이를 활용하는 자세가 부족하고 스스로 알아서 준비하기보다는 주변의 권유에 따르는 경우가 많습니다. 아이의 독서에 대한 새로운 정보가 주어졌을 때 알고자 하는 자세는 우수하나 정보를 자신의 것으로 만드는 방법이 다소 부족하므로 내 아이의 독서 수준을 알고 그에 맞는 책을 권해 주는 자세가 필요합니다. 보다 적극적으로 독서 지도에 참여하는 태도가 필요합니다.

◐ 9개 이하

독서에 대한 잘못된 편견을 많이 가지고 있습니다. 이 책을 꼼꼼히 읽으면 해결 방법을 찾을 수 있습니다.

독서 지도에 대한 의지는 높으나 도서 선택에 있어 대체적으로 주위의 유혹을 잘 뿌리치지 못하는 편으로, 과장 광고에 현혹되는 경우가 많습니다. 성공적인 독서법을 익히려고 하기보다 올바른 독서 지도 상식을 습득하고 아이의 독서 수준을 정확히 파악하는 자세가 요구됩니다. 이 책을 읽고 차근차근 배우면 훌륭한 독서코칭가가 될 수 있습니다.

1-1

아이의 독서력은
엄마의 안목이 좌우한다

당신은 아이에게 어떤 책을 읽히고 있는가?
성공적인 책읽기는 올바른 도서 선택에서 시작된다.
좋은 책을 선택하려면 다양한 도서를 읽고
비교 분석하여 아이의 수준에 맞는 책을 골라야 한다.
하지만 그렇게 하기란 매우 어려운 일이다.

읽고 싶은 한 권의 책과 만나는 짜릿한 경험을 선사하라

아이가 있는 집이라면 전집 한 질쯤은 있기 마련이다. 내가 지도를 해온 지민이네도 최근에 전집을 구매하였는데, 어느 날 지민이 엄마가 근심 가득한 얼굴로 나를 찾아왔다.

초등학교 1학년 지민이의 엄마는 큰마음 먹고 유명한 출판사의 전집을 장만했다. 그간 홈쇼핑을 통해 판매되는 전집을 보긴 했지만 만만치 않은 가격에 이리저리 고민되어 엄두를 내지 못했었다. 그러던 중 오랫동안 알아 본 결과 비교적 저렴한 가격에 좋은 전집을 구매할 수 있었다. 자신이 읽어 본 책들도 보이고, 초등학교 6학년까지 볼 수 있는 책이라고 하니 한동안은 책을 사지 않아도 될 것 같아 구매를 결심했다. 100여 권의 책을 꽂아 놓기 위해 거실에 책장도 마련하였다.

처음에는 지민이도 호기심을 보이며 재미있게 읽는가 싶었지만 이내 도통 읽으려고 하지 않았다. 자연히 아이에게 책 좀 읽으라는 훈계가 잦아지게 되었고 그럴수록 아이와 사이가 나빠지기만 했다.

평소 책읽기를 좋아하는 아이인지라 그 사정이 궁금하여 따로 지민이를 불러 이야기를 들어 보았다. 아이의 대답은 뜻밖이었다.

"전에는 엄마랑 서점이나 도서관에 자주 갔어요. 서점에 가면 꼭 책 한 권씩은 샀고, 도서관에 가서는 마음에 드는 책을 빌려 왔어요. 그런데 이제는 서점에 안 가요."

엄마와의 서점 나들이가 지민이에게는 커다란 기쁨이었는데 갑자기 100여 권의 책이 한꺼번에 생긴 뒤부터 도서관은커녕 서점 나들이도 없어지고, 하루에 한 권씩 꼭 책을 읽게 되었다는 것이다. 내용은 다르지만 하나같이 비슷하게 생긴 책들을 매일 보려니 지루하기만 하고, 어떤 책들은 너무 어려워 읽기 싫어하면 엄마가 화를 내니 지민이 역시 불만이 많아 보였다. 지민이 입장에서는 집에 있는 책은 언제라도 보면 되는데 왜 자꾸 지금 보라고 하는 것인지 이해가 안 되는 것이다.

이는 지민이네 집만의 문제는 아니다. 애물단지가 되어 버린 전집 때문에 곤혹스러워하는 집이 한둘이 아니다. 아이가 태어나면서 사들인 유아용 전집을 시작으로 전래동화와 세계명작 전집, 영어동화 전집, 과학 앨범 시리즈에 철학, 고전 시리즈까지 집 안을 가득 채우게 된다. 하지만 이렇게 사들인 전집은 텔레비전이나 냉장고처럼 가구의 일부가 되어 버리기 일쑤다.

그럼에도 여전히 많은 부모가 어떤 전집이 좋으냐고 나에게 물어보곤 한다. 그런 부모에게 "왜 전집을 읽히려고 하나요?" 되물으면 어떤 책을 골라 줘야 할지 막막한데 전집은 다양한 분야의 도서를 골고루 제공해 주는 데다 한 번 구입하면 당분간 책을 사주지 않아도 되기 때문이라고 답하는 경우가 많다.

사실 부모에게 전집은 대단히 친숙하면서도 유혹적이다. 그도 그럴 것이 영유아를 대상으로 한 전집부터 시작하여 전래동화, 세계명작, 역사, 철학까지 다양한 분야의 책을 독특한 콘셉트와 디자인으로 화려하게 무장하고 있기 때문이다.

그런데 전집의 문제는 문학적 측면이나 교훈적인 측면보다 구매자인 부모의 입맛에 맞춰 사교육(학습)을 대신하는 측면을 강조하게 된 점이다. 그러다 보니 애초에 전집의 주된 장점인 여러 주제의 책을 접할 수 있다는 다양성에서 벗어나 학습이라는 틀에 맞춰진 천편일률적인 책이 되어 가고 있다. 물론 모든 전집이 그런 것은 아니다.

보통 부정적으로 보는 경향이 많긴 하지만, 독서 전문가들 사이에서도 전집이 좋다, 단행본이 좋다로 의견이 분분하다. 전집을 찬성하는 사람은 독서 습관을 가지기 위해서는 많은 책을 읽혀야 하는데 전집은 다양한 도서를 쉽게 접할 수 있어 좋다고 주장한다. 반면 그렇지 않은 사람은 독서란 억지로 권해서가 아니라 자율적으로 해야 효과가 좋기 때문에 잔뜩 사다 놓고 책읽기를 권하는 전집은 좋지 않다고 말한다.

의견이 분분한 만큼 전집이 가진 장점도 무시할 수 없다. 문제는 전집을 고르고 읽히는 부모의 자세다.

전집을 사려는 부모는 홈쇼핑 채널을 반복해 보거나, 옆집 엄마에게 어떤 책이 좋은지 묻기도 하고 인터넷 육아 사이트나 블로그를 뒤져 다른 전집 정보를 입수하기도 한다. 아이를 위한 도서에 대한 질적인 판단이 어렵다 보니 대개 사람들이 좋다고 하는 전집을 선호하는 경향이 많다. 이 과정에서 엄마들이 실수하는 게 한 가지 있는데, 바로 지금 읽을 책이 아닌 아이가 두고두고 읽을 책을 장만하려고 한다는 것이다.

또 거금을 들여서 산 책인 만큼 아이에게 자신도 모르게 은근히 읽기를 강요하게 된다. 그러다 보니 아이들은 재미있어서 책을 읽는 것이 아니라 마치 숙제를 하는 것처럼 읽게 된다. 당연히 흥미는커녕 독서 자체를 기피하게 된다. 흥미가 없는 아이에게 "이 책을 읽으면 이런 점이 좋아." "널 위해 산 책인데 안 읽으면 어떡해?"라고 말해 봤자 아무 소용이 없다.

아이에게 다독을 강요하거나 비슷한 편집과 디자인이 반복되는 책들을 주기적으로 권하는 행동은 독서의 즐거움을 앗아 간다. 아무리 잘 고른 전집이라 해도 책마다 수준 차이가 있기 마련이며 의무감으로 읽는 책은 독서력을 향상시키지 못한다. 아이에게 자신이 읽고 싶은 한 권의 책과 만나는 순간의 짜릿함을 느끼게 해주는 것이 더욱 중요하다.

부모는 속지 말아야 한다

"이 책이 좋대요. 선생님이 한번 봐주세요."

5학년 정진이 엄마가 무더운 여름날 20여 권의 인문학 시리즈를 낑낑대며 들고 왔다. 우연히 홈쇼핑을 보다가 "서울대를 비롯한 서울의 주요 대학 논술 고사에 출제된 내용을 담았다."는 호스트의 말을 듣고 덜컥 책을 구입한 그 엄마는 독서 전문가의 입에서 "잘 샀다."는 말을 듣기 위해 더위를 무릅쓰고 책을 몽땅 들고 온 것이다.

서울대 논술 고사에 출제되었다.
맹자, 공자, 플라톤을 초등학생 눈높이에 맞춘 책이다.
대학 가려면 지금부터 읽혀라.

이런 자극적인 카피가 눈에 확 들어왔다. 수십 편의 단편 소설과 맹자, 공자, 플라톤 등의 사상가를 소개하고 있는 시리즈로 한 권만 들춰 봐도 어떻게 만들어진 책인지 한눈에 알 수 있었다.

중·고등학생이 읽기에도 부담스러운 분량에 어른인 나조차 선뜻 손이 가지 않았다. 잘못 샀다고 말하고 싶었으나 잔뜩 기대에 부푼 엄마의 얼굴을 보니 차마 입이 떨어지지 않아 "꼭 아이와 함께 읽으세요." 하고 당부하였다.

광고의 가장 큰 문제는 교과서 내용과 견주어 가며 "이 책을 읽으면 학교 공부에 도움이 된다."고 부모의 사교육 욕구를 자극하는 점이다. 시각적인 근거 자료들과 함께 독서를 통해 사고력, 논리력도 향상시키고 덤으로 학교 공부까지 잘 할 수 있다고 하니 넘어가지 않을 부모가 어디 있겠는가.

사실 대학 논술 고사에 일부 지문이 출제되었다는 내용은 단골 광고 카피다. 초등학생인 정진이 엄마가 인문학 시리즈를 산 것도 바로 이 때문이다. 이 같은 사례는 주위에서 아주 흔하게 볼 수 있다.

광고의 또 다른 문제는 선행 학습을 부추긴다는 점이다. "아이가 입학하면 배울 내용을 미리 이 도서로 접할 수 있다." 혹은 "몇 학년 교과서에 나오는 내용이므로 언젠가는 공부할 것이니 미리 구입해도 무방하다."는 식이다. 물론 독서를 통해 배경지식을 쌓는 것은 좋지만, 이를 위해서라며 아이 수준을 훨씬 웃도는 책을 다량으로 사들이는 것이 문제다.

광고는 자극적인 말들로 과대 포장하기 마련이다. 때때로 초등학교 4학년 때 성적을 높여 두지 않으면 앞으로 아이의 성적은 곤두박질할 것이라며 겁을 주기도 하고, 때때로 내 아이가 앞서 나갈 수 있도록 이 책을 읽히라며 부추기기도 한다. 그러다 보니 이 책이 아이에게 적합한지, 아이가 재미있어 하는지는 뒷전이 되고 만다.

더욱이 요즘에는 오랫동안 공을 들여 만든 책들보다 최근 유행하는 트렌드, 관심사를 반영한 단발성의 책들이 점점 더 많이 출간되고 있다. 광고에 흔들리지 않는 양서 보는 안목이 절실해지는 때다.

부모를 한없이 약하게 만드는 마법의 단어

부모가 현혹되는 것은 광고만이 아니다. '베스트셀러'라는 말에 한없이 약해지는 것이다. 베스트셀러 도서는 일정 기간 가장 많이 팔린 책을 의미한다. 판매량이 책의 가치를 말해 줄 수도 있지만, 아이를 위한 도서의 경우 아이의 연령이나 읽기 수준에 맞는지가 중요한 선택 기준이 되어야 한다. 특히 "다른 아이들이 읽었으니 우리 아이도 읽어야 한다."는 생각은 버려야 한다. 가장 많이 팔린 책이 반드시 가장 좋은 책은 아니다.

1897년 미국의 한 월간지 〈북맨(Book Man)〉에는 전국적으로 잘 팔리는 책을 조사하고 발표하던 '베스트셀링 북스'라는 코너가 있었다. 이 코너가 유명해지면서 베스트셀러(best seller)라는 말이 생겨났다. 이후 빅셀러, 밀리언셀러 등 다양한 이름으로 명명되기도 했는데 베스트셀러는 당대의 관심사를 알 수 있는 하나의 사회 현상으로 중요한 요소를 차지하게 되었다.

미국의 한 저널리스트 프랭크 루터 모트(Frank Luther Mott)는 50년 동안 베스트셀러 반열에 오른 책들을 분석하여 그 결과를 발표하였다. 그의 발표에 의하면 베스트셀러가 된 책들은 종교책, 선정적이거나 유머러스한 책, 슬픈 이야기책, 당대 유명한 정치가 이야기책 등이었다. 책의 깊이나 수준과는 상관없이 당대의 특정한 관심사나 사회 분위기에 편승하여 폭발적인 인기를 얻은 책들이 대부분이었다.

한편 책의 내용보다는 시대적 분위기와 마케팅에 의해 베스트셀러가 만들어지는 세태에 대응하여 미국의 일부 뜻있는 서점들이 모여 롱셀러 목록을 발표하기 시작했는데 이것이 지금의 스테디셀러(steady seller)의 효시다.

결론부터 말하자면 아이들에게 안전한 책은 스테디셀러다. 일시적인 유행이나 호기심이 아니라 시대를 넘어 지속적인 공감을 불러일으키고 교훈을 주는 내용을 담고 있는 스테디셀러야말로 아이들이 읽어야 하는 책이다.

스테디셀러의 장점은 기성세대와 현세대의 공감대 형성에 많은 기여를 한다는 점이다. 부모가 읽었던 박경리의 『토지』를 지금 아이들도 즐겨 읽는다. 같은 책을 읽은 경험은 세대 간의 소통 및 갈등 해소에 아주 중요한 역할을 한다. 부모가 예전에 읽고 느꼈던 점을 아이와 공유할 수 있기 때문에 공통의 화제가 생기고 서로 동질감을 갖게 된다. 이는 가족 간의 친밀감을 형성한다.

물론 베스트셀러라고 무조건 나쁜 것은 아니다. 베스트셀러 중에도 그 가치를 인정받아 꾸준히 사랑받는 책이 많다.

아이의 나이가 도서 선정의 절대적 기준이 되어서는 안 된다

　　　　　　　　　원종이 엄마는 새 학기가 되면 학교에서 추천하는 권장도서 50권을 전부 구매했다. 이 책들은 고스란히 원종이 방에 채워지고, 또다시 학기가 바뀌면 새로운 50권의 권장도서가 그 자리를 대신했다. 원종이 엄마의 야심찬 권장도서 읽히기는 원종이의 비협조로 2년 만에 중단되었다.

　"학교에서 읽으라는 책이니 읽어야죠. 책을 사주면 당연히 읽을 거라 생각했는데, 그게 아니네요. 책값이 아까워요."

　원종이 엄마의 하소연은 여기서 그치지 않았다.

　"다른 애들은 다 읽었을 텐데, 우리 원종이만 못 읽어서 어떻게 해요. 권장도서라도 읽을 수 있게 지도해 주세요."

학기별 목록 중에는 겹치는 책도 있어서, 원종이네 집에는 같은 책이 두세 권이나 있는 책도 있었다. 권장도서 목록에 어떤 책이 있는지 관심 있게 살피지도 않고 책을 산 것이다. 이런 부모가 의외로 많다.

권위 있는 단체나 정부 기관에서 선정한 권장도서는 책 선택에 어려움을 겪고 있는 부모들에게 소중한 이정표가 되어 주고 있다. 하지만 문화체육관광부를 중심으로 독서 문화 활성화를 위해 만들어진 권장도서는 한국간행물윤리위원회, 교보문고, 어린이도서연구회 등 수많은 곳에서 매년 수백 종씩 선정되고 있다. 더 이상 권장도서 목록이 책 선정의 가이드가 될 수 있다고 보기는 어려운 실정이다.

문제는 많은 부모가 권장도서는 반드시 읽어야 한다고 생각한다는 점이다. 선정자들의 주관적인 기준으로 각 학년에 적합하다고 생각하는 책을 선정하는 만큼 읽기 수준이나 난이도가 제각각일 수밖에 없다. 이뿐만 아니라 권장도서 목록은 발표할 때마다 논란이 끊이지 않았다. 모두가 인정하는 좋은 책이 빠져 있거나 아이들 수준에 맞지 않는 사회과학 분야의 책이나 실용처세서가 들어가 있는 등 문제가 많았다.

사실 초등학생이라고 범위를 정한다고 해도 독자 대상이 너무 넓은데다, 어디에 기준을 두어야 할지 모호하고 자료까지 방대하여 도서를 선정하는 데 어려움이 많다.

최근에는 왜 권장도서로 뽑혔는지 의아한 책들이 선정되는 경우가 줄어들긴 했지만 선정 방식의 공정성에 대한 문제 제기는 사라지지 않고 있다. 따라서 권장도서 목록을 무조건 맹신하는 태도는 버려야 한다.

교과서 수록도서도 마찬가지다. 이는 특히 교과서에 실렸다는 이유만으로 부모에게 필독도서처럼 인식되고 있다. 초등학교 읽기 교과서를 자세히 살펴보면 '실린 작품'이란 제목으로 교과서에 실린 작품의 원작 제목과 작가, 출판 연도와 출판사까지 상세하게 알려 주고 있다. 교과서에는 책의 일부 내용만 소개되는 경우가 많기 때문에 책의 원문을 읽었을 경우 앞뒤 상황을 알게 되어 좀 더 공감하고 이해할 수 있다. 당연히 단원의 학습 목표를 이해하는 데 도움이 된다.

하지만 교과서에 실린 모든 책의 내용을 알고 있어야 학습에 도움이 되는 것은 아니다. 수업의 도구로써 책 내용의 일부분을 사용했기 때문에 원작을 반드시 읽을 필요는 없다.

예를 들어 보자. 1학년 국어 교과서에는 『내 마음의 동시』와 『저학년을 위한 동요 동시집』에 수록된 〈아침〉과 〈비눗방울〉이 실려 있다. 반복되는 말을 찾아 그 느낌을 알게 하는 단원으로 이 두 편의 시만으로도 충분히 학습 목표에 도달할 수 있다.

'저학년을 위한 책'을 고학년이 읽으면 안 될까?

독서 전문가로서 가장 많이 듣는 말은 책을 추천해 달라는 부탁이다. 그중에서도 가장 당혹스러운 것은 "아이가 ○학년인데 무슨 책을 읽혀야 하나요?" 하는 질문이다. 같은 학년이라도 아이마다 읽기 수준, 배경지식, 흥미가 다르다. 어린이 독자를 나누는 가장 객관적인 요소가 연령이라는 점은 충분히 이해하지만, 학년만 가지고 아이에게 맞는 책을 고르는 일은 쉽지 않다.

그런데 책 표지에 '고학년 도서', '저학년 도서', '중학생 도서'라고 명기된 책을 자주 보게 된다. 이는 책 선택에 도움이 되기도 하지만, 문제는 이러한 'ㅇ학년용 도서'란 표기를 얼마나 신뢰할 수 있느냐 하는 점이다. 또 이 표시는 아이들의 흥미와 읽기 동기를 날려 버리기도 한다.

예를 들어 자기보다 낮은 학년을 대상으로 한 책을 권할 경우 아이들은 자격지심에 잘 읽으려고 하지 않는다. 중학생들이 '초등학생용'이라고 쓰인 책을 보지 않으려 하는 것도 이 때문이다.

예를 들어 『진짜 도둑』(베틀북)은 청소년이 배워야 할 삶의 태도가 잘 드러난 책이지만, '고학년용'이라고 표시되어 있어 중학생은 읽으려고 하지 않는다. 마찬가지로 초등학교 고학년들은 '저학년용'이라고 표시되어 있는 책을 잘 읽지 않는다.

그 어떤 독서 전문가도 책에 독자의 연령을 제한하지 못한다. 책은 독자에 의해 자유롭게 선택돼야 하며, 같은 연령이라 하더라도 독자의 수준에 따라 책 선택이 달리 이뤄져야 한다는 것은 기본적인 상식이기 때문이다.

아이들의 읽기 수준은 천차만별이므로 'ㅇ학년용 도서'가 도서 선택의 기준이 되어서는 안 된다.

아이들은 모든 면에서 계속 성장하고, 변화하고 있다. 신체적 발달과 함께 인지능력과 정서도 하루가 다르게 발달한다. 이에 따른 독서 흥미 및 독서력도 나날이 발전한다. 그러니 아동 개개인의 관심사나 발달과 무관하게 교과서에 제시됐다는 이유만으로, 권위 있는 기관에서 선정한 권장도서라는 이유만으로, 아이 학년에 맞는 책이라는 표시만으로 무작정 수용하는 것은 바람직하지 않다.

어떻게
좋은 책을
고를 수 있을까?

캐나다의 아동도서 전문가 릴리언 스미스(Lillian H. Smith)는 책이 어린이에게 미치는 영향을 강조하면서 "한 아이에게 그 책이 좋다는 의미는 그 책을 읽음으로써 아이에게 긍정적인 변화가 일어났을 때"라고 말했다. 도서관 사서였던 그녀가 토론토시 도서관에서 처음 한 일은 어린이 서가에서 좋지 않은 책을 선별해 내는 일이었다. 그녀가 좋지 않다고 생각되는 책을 모두 뽑아 버리자 서가가 텅 비게 되었다. 이후 그녀는 좋은 어린이책을 한 권씩 사서 서가를 채워 갔는데, 퇴임할 무렵 백발 할머니가 되어서야 서가가 가득 찼다고 한다.

또 일본 어린이책 전문가이자 대부인 마쓰이 다다시(松居直)도 그의 책 『어린이와 그림책』에서 비슷한 경험을 털어놓은 바 있다. 그는 한 유치원 원장으로부터 유치원 도서관을 획기적으로 꾸미려고 하는데, 불필요한 그림책을 선별해 달라는 부탁을 받았다. 먼저 디즈니 그림책부터 버리기 시작했고 이윽고 책장은 텅텅 비게 되었다. 하지만 그 덕분에 그 유치원 도서관은 훌륭하게 발전할 수 있었다는 일화다.

이 두 사례를 통해 아이에게 양서를 선별하여 접하게 해주는 일이 그만큼 어려운 일이라는 것을 알 수 있다.

그렇기 때문에 비전문가인 부모로서는 아이에게 책을 사줄 때 어디까지 아이의 안목을 믿어 줘야 할지, 권장도서 목록이나 베스트셀러 순위 그리고 광고를 얼마만큼 의지해야 할지 끊임없이 고민하게 된다.

아이들은 공포 이야기나 탐정 이야기, 만화, 전설처럼 자극적이거나 흥미 위주의 도서에 관심을 보인다. 아이에게 좋은 독서 습관을 들이기 위해서는 먼저 양서를 자주 접하게 해줘야 한다. 양질의 도서를 일찍부터 봐온 아이는 무의식적으로 좋은 책을 고르게 된다.

그렇다면 좋은 책의 기준은 무엇일까? 아이를 위한 도서를 고를 때는 '좋은 책'보다 아이에게 '알맞은 책'인가에 주력해야 한다. 아이를 위한 도서는 보통 '교육성, 문학성, 지식과 정보의 정확성, 예술성'을 지녔는지가 중요한 척도가 된다. 사실 내 아이가 어떤 책을 읽기를 바라는지 떠올려 보면 어렵지 않게 기준을 알 수 있다.

다음은 아이들에게 알맞은 책의 내용을 정리해 놓은 것이다.

- 감동을 주는 내용

- 꿈과 희망을 심어 줄 수 있는 내용

- 도덕성과 긍정적인 가치관 형성, 바른 습관 형성에 도움이 되는 내용

- 친구나 이웃 등 주변 사람들과 어울려 살 수 있도록 도움을 주는 내용

- 문화적 가치가 높은 내용

- 노동의 신성함을 다룬 내용

- 물질 문명이나 소통의 부재 속에서 인간 소외의 극복을 제시하는 내용

- 역사 의식을 고취할 수 있는 내용

- 인간의 평등 의식을 다룬 내용

- 전쟁의 참상을 바르게 알리고 평화를 추구하는 내용

- 자연의 아름다움과 소중함을 인식시킬 수 있는 내용

- 과학적 탐구심을 기를 수 있는 내용

- 이데올로기나 정치적 관점에 치우침이 없는 내용

- 종교나 철학에 편견이 없는 내용

- 비문학 도서의 경우 정확한 지식과 정보를 제공하는 내용

분야별로 알아보는 책 선정법

● 그림책 : 잘 모르겠다면 스테디셀러를 구입해요

그림책은 그림만으로도 이야기를 주도해 가는 책으로 풍부한 상상력과 다양한 감동을 선사하기도 하고 지식과 정보를 쉽게 전달해 주기도 한다. 책

을 좋아하지 않는 아이들에게 독서 흥미를 불어넣어 주고자 할 때 효과적으로 활용할 수 있는 책이다. 사실 그림책은 취학 전 아이들이 주로 보는데, 이 시기 부모는 아직 책을 고르는 안목이 부족하여 광고에 현혹되는 일이 많으니, 일반적으로 잘 알려진 스테디셀러를 구입하는 것이 안전하다. 다음은 그림책을 고를 때 유의 사항이다.

- 그림이 알맞게 배치되어 있고 무엇을 의미하는지 명확한 책
- 그림 작가의 경력이 분명한 책
- 어른이 읽어 주고 아이는 그림만 볼 경우가 많기 때문에 글 없이 그림만 보더라도 이야기의 흐름을 알 수 있는 책

● **동화책 : 연령에 따라 적합한 내용이 있어요**

동화는 독자 스스로가 주인공이 되어 다양한 삶을 경험해 볼 수 있는 책이다. 대체로 저학년은 자신의 모습이 투영되어 있는 생활동화를 좋아한다. 고학년이 되면 문학적 가치가 있는 장편동화가 좋다. 문학적 가치가 있는 동화란 당대의 다양한 삶의 모습을 잘 반영하고 있는 책이다. 다음은 동화책을 고를 때 유의 사항이다.

- 아이와 비슷한 또래가 주인공인 책
- 생활 속의 규칙을 배울 수 있는 책

- 또래 간의 문제를 해결하는 데 도움을 주는 책
- 모험, 우정, 영웅(인물)에 대한 이야기책

● 지식정보책 : 정확한 정보가 기본이에요

지식 및 정보가 담긴 책으로, 학년 수준에 따라 시각 자료가 주가 되는 지식정보 그림책과 활자 중심으로 구성된 지식정보책으로 구분된다. 지식정보책은 정확한 지식과 최신 정보를 담고 있어야 한다. 다음은 지식정보책을 고를 때 유의 사항이다.

- 정확한 지식과 정보를 담은 책
- 관련 분야의 전문가가 쓴 책, 전문가의 감수를 받은 책
- 선행 학습이 아닌 아이의 학년 및 수준에 맞는 책

● 옛날이야기 : 교훈보다 재미를 우선으로 해요

신화, 전설, 민담, 우화 등 주로 구전되어 오던 이야기들을 엮은 책이다. 아이들은 옛날이야기를 좋아하는데, 약간 과장되고 익살스러운 이야기는 아이들의 삶에 활력을 불어넣어 준다. 옛날이야기를 통해 조상들의 삶의 지혜를 배울 수 있으며, 우리 고유의 풍습과 문화를 자연스럽게 습득할 수 있다. 이는 자아 정체성과 가치관 형성에 중요한 요인이 된다. 다음은 옛날이야기책을 고를 때 유의 사항이다.

- 교훈적인 말이 직접적으로 드러나지 않은 이야기
- 주인공이 시련 끝에 문제를 해결하는 이야기
- 재미있는 이야기

🔴 외국 도서 : 저학년은 신중을 기해야 해요

아이에게 외국 도서를 권할 때는 주의를 기울여야 한다. 아직 우리 문화에 대해서도 잘 모르는 아이에게 지나치게 외국의 정서와 문화가 담긴 외국 도서를 읽히는 것은 좋지 않다. 또 번역이 좋지 않은 책은 오히려 아이의 우리말 실력을 떨어뜨린다. 아이의 우리말 실력이 아직 미흡할 때는 가급적 우리나라 도서 위주로 읽히는 것이 좋다.

한 가지 덧붙이자면 아이를 위한 도서를 고를 때는 글씨의 크기와 모양, 책의 두께와 표지 디자인을 꼼꼼히 살펴봐야 한다. 특히 읽기 수준이나 성장 발달에 따라 알맞은 책을 골라야 하기 때문에 글씨 크기, 종이의 질과 책의 두께는 선택의 잣대가 된다.

1-2

독서를 즐길 수 있는 환경을 조성해 주었는가?

부모의 갖은 노력에도 불구하고 아이가 책에 흥미를 보이지 않는다면, 책을 읽고 싶은 환경을 만들어 주었는지 생각해 봐야 한다. 독서 환경은 조성해 주지 않고 독서의 중요성과 필요성만 내세우면서 일방적으로 읽기를 지시한 것은 아닌지 말이다.

책 나르는 엄마와 도망가는 아이, 무엇이 문제일까?

아이가 만약 책을 읽지 않아 고민이라면, 책을 사주기 전에 책을 읽고 싶게 만들었는지부터 반성해 보자.

옛말에 "아이는 어른의 등을 보고 배운다."고 했다. 부모가 아이에게 미치는 영향력을 나타내는 말이다. 미국 국무장관을 지낸 헨리 키신저(Henry Alfred Kissinger)는 "어린 시절 책 읽는 아버지를 보며 독서 습관을 들인 것이 성공의 원동력이 되었다."고 했다. 가정의 독서 환경과 부모의 책 읽는 모습이 아이의 독서 습관을 만드는 데 큰 영향력을 지녔음을 보여 주는 사례다. 러시아 심리학자 비고츠키(Lev Semenovich. Vygotsky)는 "부모는 아이에게 뜀틀의 발판과도 같은 역할을 해주어야 한다."고 말하며 부모의 역할을 강조하기도 했다.

어찌 보면 너무나 당연하고 식상한 말일 수도 있다. 하지만 그 기본을 해내는 게 가장 어려운 법이다. 부모는 하루에 10분이 됐든 한 시간이 됐든 아이에게 책 읽는 모습을 꾸준히 보여 주어야 한다. 이때 아이에게 독서를 강요해서는 안 되며, 아이가 책을 자연스럽게 접하고 자발적으로 읽게 해야 한다.

초등학교 3학년 수연이의 독서 코칭을 시작한 지 6개월쯤 되었을 때다. 어느 날 문득 센터를 방문한 수연이 엄마에게서 참으로 반가운 말을 들었다.
"선생님에게 아이를 맡기고 저에게 가장 좋았던 건, 어린이책을 보는 눈이 생겼다는 거예요. 선생님이 권해 주신 책을 아이와 함께 읽으면서 '아, 이런 책을 읽어 줬어야 했구나.' 하고 무릎을 치게 되었어요. 지금은 수연이 책을 제가 더 많이 보고 있어요."

수연이네 집은 없는 책이 없을 정도로 벽이 온통 책으로 메워져 있다. 수연이가 태어나기도 전에 사들인 전래동화 전집부터 과학 앨범, 위인전, 철학 동화까지 집 안은 온갖 종류의 책으로 가득하다. 그런데도 아이가 책을 읽지 않는다며 찾아왔던 경우다.

그동안 아이의 책을 구입하는 데만 집중했을 뿐 어떤 책인지 자세히 살펴보지 않았던 게 문제였다. 아이와 함께 책을 읽기 시작하면서 어린이책을 보는 안목이 생겼다는 수연이 엄마는 그 뒤로도 계속 어린이책에 관심을 가졌고 아이의 독서력도 월등히 향상되었다.

아이의 독서력이 향상된 것도 기뻤지만 무엇보다 교사를 믿고 따라 준 엄마의 변화가 더 반갑고 보람되었다.

독서 환경을 만들어 주라고 하면 대부분 집에 책이 많아야 한다고 생각한다. 하지만 수연이 사례에서 알 수 있듯 책이 많다고 해서 읽는 것은 아니다. 아이는 부모나 형제자매의 읽기 행위를 모방한다. 평상시 책과 얼마나 밀접한 생활을 하는지, 평소 가족 간에 책과 관련된 이야기를 얼마나 나누는지가 중요하다.

그동안 아이의 수준에 맞는 책을 골라 주었는지, 흥미 있고 가치 있는 책을 제공해 주었는지, 책과 관련하여 다양한 대화와 활동을 해왔는지 한번 돌이켜 보자. 이러한 활동들이 아이에게 자연스럽게 독서의 중요성을 일깨워 주고 올바른 독서 습관을 가지게 한다.

저절로 책이 읽고 싶어지는 독서 환경은 조성하지 않고 독서의 중요성과 필요성만 내세우면서 아이에게 일방적으로 독서를 강요한 것은 아닌지 되돌아보아야 한다.

'얼마나'가 아니라 '제대로' 읽었느냐가 중요하다

"책 많은 집에 학자 난다."는 말이 있다. 책을 읽고 싶어도 구할 길이 없던 과거에는 손에 들어온 한 권의 책이 참으로 소중했다. 하지만 요즘에는 책이 없어서 못 읽는다는 말을 들어 보지 못한 것 같다.

요즘 아이들은 책을 참 많이 읽는다. 한 통계 자료를 보면 청소년의 한 학기 평균 독서량이 10년 사이에 다섯 권이 늘어났다. 반면에 같은 기간 중 평균 독서 시간은 7분이나 줄었다. 이는 책을 겉핥기식으로 읽고 있음을 의미한다. 아이가 책을 많이 읽으면 좋아하고 자랑스러워하는 부모의 태도에서 문제의 원인을 찾을 수 있다.

책을 많이 읽는다는 아이들을 지도하다 보면 방금 읽은 내용조차 제대로 설명하지 못하는 경우가 많다. 심지어 글의 주제도 마음대로 바꾸어 말해 놓고 '책은 읽은 사람이 생각하기 나름'이라고 변명하는 아이도 있다. 하지만 책의 주제를 찾지 못하고 전체 흐름을 짚어 내지 못하는 독서는 글자를 읽는 행위에 지나지 않는다.

이러한 문제는 논술 학원에서 주로 다독(多讀)을 해온 아이들에게서 자주 발견된다. 대부분의 논술 학원은 단기간에 부모의 욕구를 충족시키기 위해 다독 중심으로 지도를 한다.

집에서는 도통 책을 읽지 않으니 학원의 힘을 동원해서라도 읽히고 싶은 부모의 마음은 십분 이해가 된다. 하지만 억지로 책을 읽히다 보면 역효과가 난다. 독서에 흥미도 느끼지 못한 채 무작정 읽은 아이들은 책을 읽고도 중심 내용을 파악하지 못할 뿐만 아니라 책에 담긴 내용을 단순한 지식 정도로 여기기 때문에 책에서 어떤 즐거움도 느끼지 못한다.

4학년 재민이가 그런 경우였다. 재민이는 학습지를 통해 몇 년째 국어 공부를 하고 있었다. 아이의 능력에 따라 얼마든지 고등학교 교과 과정까지 선행 학습을 할 수 있는 학습지의 특성상 재민이는 고등학교 국어 과정을 공부하고 있었다.

이제 두 달 후면 고등학교 과정까지 모두 마치는 터라 한껏 기대에 부푼 재민이 엄마가 새로운 프로그램을 제공해 주고자 나를 찾아왔다. 이야기를 듣고 재민이의 지문 파악 능력을 확인해 보기 위해 우선 초등학교 4학년 수준의 글을 읽혀 보았다. 그런데 중심어는커녕 중심 내용조차 찾아내지 못했다. 아이는 물론 재민이 엄마와 나까지 놀라고 말았다. 어떻게 고등학교 수준의 읽기 지문을 이해했는지 도무지 알 수 없는 일이었다. 아마도 레벨을 올리는 일에 급급하여 문제 풀이에만 집중했던 듯했다.

교육 사이트나 블로그를 잠깐만 살펴봐도 아이가 만 2세 무렵 한글을 익히고 초등학교 입학 전에 이미 1만 권의 책을 읽었다는 일명 성공 사례들을 어렵지 않게 볼 수 있다. 문제는 이러한 사이트에서 떠도는 잘못된 정보를 부모들이 검증된 사실로 받아들인다는 점이다. 물론 어려서부터 독서 환경을 만들어 줘야 한다. 하지만 매일 6시간 이상씩 아이에게 책을 읽힌 것이 성공 비법이라거나, 만 5세가 돼서 시작하면 늦는다는 등의 근거 없는 거짓 정보를 믿는 일은 아주 위험하다.

잘못된 책읽기를 부추기는 제도

독서량을 늘리기 위한 독서 감상문(독서록) 쓰기와 독서 이력제 역시 아이들에게 잘못된 독서를 강요한다. 책을 싫어하는 아이에게 책 읽는 계기를 만들어 주고 아이가 책을 제대로 읽었는지 확인할 수 있기 때문에 좋다는 부모도 있지만, 정작 아이들은 독서 감상문을 위한 책읽기를 진정한 독서로 생각하지 않는다.

많은 초등학교에서 한 학기에 30권의 책을 읽고 독서록을 쓰면 금장, 15편을 쓰면 은장, 10편을 쓰면 동장을 수여하는 식으로 아이의 독서력을 평가한다. 독서 이력제가 실시된다는 발표 이후 학교마다 자체적으로 독서 기록장을 만들어 나눠 준 뒤 독서록 쓰기에 열을 올리고 있다. 취지는 많이 읽게 하겠다는 데 있다. 또 아이가 진짜 책을 읽고 있는지 아닌지 알 수 없기 때문에 독서록 검사가 필요하다는 것이다.

하지만 독서록 검사는 오히려 아이들의 올바른 독서 습관 형성을 방해한다. 독서록 쓰기의 부담을 안은 아이들은 책읽기에 흥미를 붙이지 못하고, 또 하나의 숙제처럼 여기며 무작정 많이 작성하여 상을 받으려 한다. 그러다 보니 질적 읽기보다는 양적 읽기의 부작용을 낳고 있다.

이를 증명하듯 학업과 평가가 독서를 강요할수록 독서량은 증가하지만 오히려 실제 독서율은 감소하고 있는 실정이다.

책을 즐겨 읽던 3학년 다연이는 학교에서 독서록을 제출하라고 하자, 하루에도 5편의 독서록을 쓰는 기현상을 보였다. 일주일 동안 무려 30여 편의 독서록을 써내기도 했다. 어떤 책들을 읽고 썼는지 살펴보니 대부분 유치원 때 읽었던 그림책들이었다. 읽기에 초점을 맞춘 게 아니라 써내는 데 급급했음을 알 수 있다. 다연이는 평소 과학책과 역사책은 물론 동화도 즐겨 읽던 아이다. 상을 받고 싶었던 아이는 정보가 많고 두꺼운 책은 시간이 많이 걸리니 어릴 적 읽었던 책들을 생각해 낸 것이다.

독서 감상문은 책을 읽은 뒤 느낀 점을 쓰는 글로, 책을 잘 읽게 하는 데 그 목적이 있다. 독서 감상문을 쓰면 자연적으로 꼼꼼히 읽게 되고 작가의 스타일을 분석할 수 있게 된다. 긴 내용을 요약하고 자신의 생각을 정리하는 힘이 생겨 글쓰기에 자신감이 생길 뿐 아니라 읽은 내용을 오래 기억할 수 있다. 그만큼 책에 대한 흥미가 높아진다.

하지만 주어진 틀에 맞춰 쓰라거나 줄거리 및 느낌을 반드시 정해진 양 이상 쓰라고 강요하다 보니 아이들은 독서 감상문 쓰기가 점점 부담스러워지고 책읽기까지 싫어하게 된다. '이 책을 읽고 나면 감상문을 써야 해.' '아, 무슨 내용을 쓰지?' 하는 생각이 책을 읽는 내내 머릿속을 가득 채운다.

아이에게 독서 감상문을 꾸준히 쓰게 하려면 다시 한번 그 목적이 무엇인지 생각해 보자. 독서 교육의 본질은 책을 읽고 얻어 낸 결과물이 아니라, 책을 읽으며 생각을 확장하고 정리하는 과정에 있다.

독서 이력제는 독서교육종합지원시스템에 가입하여 책을 읽고 독후 활동을 하는 모든 과정을 기록해 관리하는 제도이다. 그런데 이 역시 아이들에게 독서 동기를 부여하고 자신의 관심 분야를 파악하여 진로 선택에 도움이 된다는 애초 취지에서 벗어나 입시의 수단으로 전락해 버렸다. 아이의 독서 이력을 관리해 주겠다는 대행 업체가 생기고, 학부모와 교사가 학생 대신 대필을 하거나 관리를 해주는 폐단이 벌어지고 있는 것이다.

독서 이력은 굳이 초등학교 때부터 관리하지 않아도 된다. 초등학교 시기엔 책에 대한 흥미를 불러일으키고 골고루 책을 읽히는 게 더 중요하다. 책 읽기 습관이 들지 않은 아이에게 독서 이력을 위해 책을 읽히고 글을 쓰게 하는 일은 더더욱 독이 된다.

아이들의 독서력이 독서량에 비해 제자리걸음인 이유

　　　　　　　　　　책을 많이 읽는 아이를 부러워하지 않는 부모가 있을까? 도대체 이토록 많은 부모가 독서에 열광하는 이유가 무엇일까? 바로 독서를 많이 할수록 공부를 잘하게 된다는 생각 때문이다.

　하지만 2009년 OECD 국가 간의 독서량에 따른 학업 성취도 평가 결과에 의하면 독서 시간이 많은 아이들 사이에서 우리나라 아이들의 학업 성취도는 상대적으로 낮았다. 반대로 독서 시간이 얼마 되지 않는 아이들 사이에서는 높은 학업 성취도를 보였다. 이는 우리나라 아이들이 독서량에 비해 읽기 능력이 현저히 낮으며 암기력 위주의 학습을 벗어나면 경쟁력이 떨어진다는 것을 의미한다.

　이 결과를 보아도 알 수 있듯이 무작정 독서를 많이 할수록 좋은 것은 아니다. 특히 어려서부터 강제로 독서를 해온 아이들은 독서를 통해 아무것도 얻을 수가 없다.

그러나 오늘도 여전히 책을 읽히려는 부모와 읽기 싫어하는 아이들 사이에 실랑이가 벌어지고 있다. 아이들은 왜 책을 읽어야 하는지 도무지 알 수가 없다. 책을 읽어야 이해력이 높아지고 어휘력이 향상되고 성적이 좋아진다는데 그게 아이들에게는 그다지 와닿지 않는다. 부모의 사정일 뿐이다.

부모는 아이가 지식정보책을 읽어 많은 지식과 정보를 얻길 바란다. 학습에 도움이 될 것이라는 생각 때문이다. 이러한 부모의 과욕은 오히려 아이의 독서 편식을 조장하고, 아이에게 '독서란 곧 공부'라는 인식을 심어 줘 독서의 즐거움을 느끼지 못하게 만든다.

『박사가 사랑한 수식』(이레)을 읽은 민성이는 "한동안 다른 책은 못 읽을 것 같아요. 마음이 너무 아파요."라고 말했다. 이 책을 읽고 깊은 감동을 받아 다른 책이 눈에 들어올 것 같지 않다는 것이다. 만나는 사람들에게 책의 내용을 이야기하며, 등장인물의 삶의 방식에서 받은 진한 감동을 다른 사람과 나누고 싶어했다. 블로그에도 책을 읽은 감상을 올리며 뿌듯해했다.

책을 아주 잘 읽은 사례다. 아이가 책을 읽고 감동 받은 이야기를 나누고 싶어할 때 부모가 해줄 일은 아이의 눈을 쳐다보며 잘 들어 주는 일이다.

밤을 새워 아이에게 수십 권의 책을 읽어 준 것이 자랑이 되어서도, 초등학교 입학 전에 1만 권의 책을 읽었다는 것이 부러움의 대상이 되어서도 안 된다. 많이 읽었느냐가 아니라 한 권을 읽더라도 읽은 뒤 감동을 받았는지, 책 속의 지식을 내 것으로 만들었는지가 올바른 읽기의 척도가 되어야 한다.

다음은 OECD에서 읽기능력이 부족한 우리나라 아이들을 위해 권고한 독서법이다. 이를 되새겨 실천에 옮기도록 하자.

1. 독서를 시작하기 전에 독서를 통해 배워야 할 것이 무엇인지 정확하게 파악한다.
2. 독서 중 혹은 독서를 마친 뒤에 읽은 내용을 이해하고 있는지 확인한다.
3. 이해하지 못한 개념이 있는지, 있다면 어떤 것인지 파악한다.
4. 텍스트의 요점을 제대로 알고 기억하는지 확인한다.
5. 이해하지 못하는 것이 있으면 확실히 알기 위해 추가 정보를 찾도록 한다.

독서 학원을 보내기 전에 그 목적을 분명히 해라

"책을 읽어야 한다고 아무리 강조를 해도 책을 읽지 않으니 학원에라도 보내야죠."

"책읽기가 중요하다고 하는데, 무슨 책을 골라 주어야 할지 막막해서 학원에 보내는 거예요."

"학교에 일기장도 내야 하고 독서록도 내야 하는데, 아이가 글 쓰는 것 자체를 싫어해요. 학원의 도움을 받으면 좀 나아지겠죠."

"대학 가는 데 논술이 중요하다고 하니 미리 준비를 시켜야죠."

"남들 다 다니는데 안 보내면 불안해요."

아이의 독서 교육을 위해 학원에 보내는 일이 아주 자연스러워졌다. 부모들은 학원에만 보내면 아이의 독서력이 높아지고 글도 잘 쓸 수 있게 될 거라고 기대한다.

주 3회 학원에 가서 읽은 책의 내용을 확인받고, 읽기 속도, 이해력, 표현력, 창의력, 비판력을 분석하여 그 자료를 학부모에게 보고하는 형식의 사교육을 1년 간 받았던 4학년 영주의 엄마가 방문했다.

책읽기를 싫어하는 영주가 조금이라도 책에 흥미를 가질 수 있도록 학원에 보냈지만, 아이가 너무 지겨워하고 책을 더 멀리하게 되어 그만두었다는 것이다. 그 학원은 미리 정해 준 책을 집에서 읽어 오면 책의 내용을 확인하는 식으로 수업이 진행되는데, 만약 아이가 주어진 책을 다 읽어 가지 못하면 수업에 참여시키지 않고, 혼자 다른 방에서 나머지 내용을 모두 읽게 하였다고 한다.

한편 5학년 주원이의 엄마는 책을 많이 읽으면 학교 성적이 오를 거라는 생각으로 1년간 아이를 학원에 보냈다. 매주 책 안에서 답을 찾아 질문지를 완성해 가면 되었다. 아이가 질문지를 곧잘 완성해 보이자 주원이 엄마는 안심을 했다. 하지만 주원이는 책을 찬찬히 읽기도 전에 질문지에 답을 달고 있었다. 이런 방법에 익숙해지자 다른 공부를 할 때도 교과서 내용을 차근차근 읽지 않고 질문에 해당하는 답만 찾는 습관이 생겼다.

영주와 주원이의 경우 모두 아이에게 필요한 것이 무엇인지 명확하게 알지 못한 상태에서 막연한 기대를 안고 학원을 찾아 실패한 사례다.

영주가 책읽기 습관을 가지기를 바랐다면 학원을 보내기 전에 먼저 가정환경을 바꿔 주어야 했다. 책을 즐겨 읽는 부모 아래서 자란 아이는 책읽기를 좋아한다. 책과 친숙해질 수 있도록 천천히 접근했어야 하는데, 짧은 시간 동안 너무 많은 책을 읽히려 든 게 화를 불렀다.

주원이의 경우 책읽기를 통해 당장 학습 효과를 보려 한 것이 실패 원인이었다. 책읽기가 학습에 도움이 되는 건 분명하지만 읽기 기술을 가르치기 전에 독서에 대한 흥미와 습관을 들이는 게 먼저다. 독서의 참된 매력을 일깨워 주기보다 성적 향상의 수단으로 독서를 시켜 오히려 아이의 읽기능력을 떨어뜨리고 말았다.

만약 아이의 독서력 향상을 위해 학원을 보내려고 한다면 그 목적을 분명하게 정해야 한다. 학원에 다닌다고 해서 당장 책벌레가 되거나 글쓰기 실력이 향상되는 건 아니다. 어떤 학원 교사도 부모만큼 아이와 오랜 시간을 함께하지는 못한다. 기껏해야 주 1회 수업이고, 많아야 주 3회 한 시간씩 수업을 한다. 고작 그 시간을 투자해서 아이가 몇 개월 만에 월등한 독서력을 갖게 될 것이라고 생각한다면 오산이다.

2장
적기 독서가
아이의 미래를 좌우한다

대부분의 부모가 많이 읽을수록, 수준 높은 책을 읽을수록 아이의 독서력이 발달할 것이라고 생각한다. 그런데 수많은 연구 결과 아이의 발달을 앞지른 독서는 오히려 아이의 성장을 저해한다는 사실이 밝혀졌다.

2-1

적기 독서란 무엇인가?

핀란드에서는 8세 이전의 아이들에게 공식적인 읽기 교육을 하지 못하도록 금지하고 있지만, OECD 국가 간 비교에서 읽기 성적은 최상위를 차지하고 있다. 그 비결은 무엇일까? 바로 적기 독서에서 찾을 수 있다.

한 권의 책이라도 아이 수준에 맞는 책을 읽혀라

앞에서도 언급하였지만, 부모들이 운영하는 일부 유아 교육 관련 사이트를 들여다보면, 돌도 안 된 아이에게 명작을 읽어 주었는데 좋아했다는 사연, 두 돌인데 위인전을 읽히고 있다는 사연을 흔히 볼 수 있다. 이런 글 아래에는 어김없이 "우리 아이는 벌써 네 살인데 늦어서 어떻게 하나요?" 하는 한숨 섞인 댓글들이 수두룩하다.

아이의 흥미나 수준을 고려하지 않은 채 무작정 따라 하기 식의 독서는 위험하다. 그만큼 교육열이 높다는 뜻이기도 하지만, 독서 교육의 기준이 없다는 의미이기도 하다. 독서 교육에 기준이 없는 부모는 과잉 독서 붐 아래서 갈피를 잡지 못하고 과다 독서, 선행 독서에 집착하기 쉽다.

이러한 독서는 오히려 아이의 두뇌 발달을 저해하고 심할 경우 초독서증과 같은 유사 자폐 증상의 부작용을 초래할 우려가 있다. 초독서증이란 과도한 독서로 의미를 전혀 이해하지 못한 채 기계적으로 문자를 암기하는 현상이다. 사실 독서에 부작용이란 말은 어울리지 않는다. 잘못된 독서법에 의한 결과물이라고 할 수 있다.

나 역시 아이를 둔 엄마인지라 독서에 집착하는 부모의 심정을 모르는 바는 아니다. 하루가 멀다 하고 새로운 평가법이 등장하고 교육 체계가 바뀌고 날이 갈수록 경쟁이 심해지는 이 마당에 독서 교육이라도 제대로 시키고 싶은 부모의 마음도 충분히 이해가 된다.

하지만 초등학생에게 중학교 때 배우는 한국 단편소설을 읽히는 게 정말 도움이 될까? 이런 작품들에는 요즘에는 잘 쓰지 않는 어휘들이 많이 등장할 뿐 아니라 작품의 시대적 상황을 이해하지 못하면 중학생들조차 읽기 힘들다. 그런 책을 초등학생 때 읽힌다고 무슨 도움이 될까?

초등학교 5학년인 현지가 그런 경우였다. 그동안 논술 학원에 다녔지만 도무지 읽기에 자신감이 붙지 않아 나를 찾아왔다.

"논술 학원에서는 어떤 책들을 읽었니?"

"음, 지난주에는 〈운수 좋은 날〉을 공부했고요. 지금은 〈메밀꽃 필 무렵〉을 하고 있어요."

"어떤 내용인지 이야기해 줄 수 있니?"

"하나도 기억이 안 나요. 이야기는 짧았는데 무슨 말인지 모르겠어요."

상담을 하면서 현지의 읽기능력을 평가해 보니 이야기글은 초등학교 4학년 정도의 읽기 수준이었고, 정보글은 4학년 수준에도 미치지 못했다. 매우 당황한 부모에게 3, 4학년 수준의 책을 읽혀 먼저 읽기 성취감을 느끼게 해

줘야 한다고 설득하였다. 부모는 초등학교 5학년인 아이가 자기 학년보다 낮은 수준의 책을 읽어도 되는 것인지, 그러다 중학교에 들어가 공부를 못 따라가는 것은 아닌지 걱정하였다. 하지만 수준 높은 글을 읽어야 읽기능력이 향상되는 것이 아님을 장황하게 설명한 끝에 현지와 본격적인 독서 코칭을 시작할 수 있었다.

먼저 3, 4학년 아이들이 아주 좋아하는 『엉뚱이 소피의 못 말리는 패션』(비룡소)과 『내 이름은 삐삐 롱스타킹』(시공주니어)을 권했다. 재미없고 무슨 말인지도 모르는 한국 단편소설을 읽다가 이 두 권의 책을 읽게 된 현지는 순식간에 책에 빠져들었다. 줄거리도 물어보면 척척 대답했다. 책에 대한 재미를 조금 더 느낄 수 있도록, 유사한 책을 몇 권 더 권해 주었다. 이윽고 어느 정도 책에 대한 부담감을 덜게 된 듯 보였을 때 조심스럽게 사회책과 과학책 읽기를 제안했다. 정보글 읽기를 부담스러워하는 현지를 위해 정보글에 대한 좋은 인상을 남겨 주고 자신감을 높여 주기 위해 비교적 쉽고 재미있는 『지도로 만나는 우리 땅 친구들』(뜨인돌어린이)로 시작하였다. 조금씩 책에 흥미를 보이더니 질문이 많아졌다. 질문에 대한 답을 책에서 스스로 찾아보게 하자 현지는 점차 적극적으로 책을 읽기 시작했다. 그리고 불과 석 달 만에 현지는 "책읽기, 할만해요." 라고 활기차게 말했다.

한번은 대형 서점에 들렀다가 어린 아들과 엄마가 책을 고르며 나누는 대화를 듣게 됐다.

"엄마, 나 이 책 사줘요."

"넌 1학년이나 되는 아이가 그림이 이렇게 많은 책을 사면 되겠니? 다른 책 골라!"

　무슨 책인가 싶어 살펴보니 아이가 고른 것은 만화와 삽화가 중간중간 섞여 있지만 1학년 아이에게는 결코 만만치 않은 내용의 책이었다. 주제나 두께로 보아 3학년 이상은 되어야 읽을 수 있어 보였다. 하지만 그 아이의 엄마는 그림이 많다는 이유 하나만으로 아이의 의견을 묵살해 버렸다. 그 책이 왜 사고 싶은지, 어떤 매력을 느꼈는지에 대한 물음조차 없이 말이다. 아이는 한동안 사달라고 조르더니 엄마의 강력한 반대로 그만 포기하고 말았다. 아이의 읽기능력을 과대평가하는 부모들의 일반적인 모습이라고 할 수 있다.

　사실 아이의 읽기능력을 정확히 파악하고 있는 부모는 대단히 드물다. 초등학교 1학년 『국어』 교과서만 보더라도 실린 문장의 수는 평균 13~15개에 불과하다. 그림과 문장을 함께 볼 때 더 빨리 이해하는 시기다. 실제로 초등학교 1학년 아이의 문자 해독력은 그리 높지 않다.

　읽고 이해하는 능력이 생겨야 스스로 글자를 읽고 글의 전체 내용을 이해하며, 나아가 학습이나 생활에 적용하는 자립 독서가 가능해진다. 그런데 아이의 수준을 벗어나는 책을 읽게 될 경우 좌절감을 느끼게 되고 부모나 교사의 지도에 자꾸 의존하게 된다.

　아이는 책의 70%가 아는 내용이며 모르는 어휘가 10% 이하여야 가장 효율적으로 책을 읽을 수 있다. 한 쪽에 모르는 낱말이 2~3개만 있어도 내용을 이해하지 못하므로, 아이의 수준을 벗어나는 책은 아무리 많이 읽혀도 전혀 효과가 없다. 오히려 독서 흥미를 떨어뜨릴 뿐만 아니라 나아가 학습 동기마저 앗아 간다.

단 한 권의 책일지라도 아이의 수준에 맞는 책을 올바른 방법으로 읽혀야 한다. 이런 독서가 바로 '적기 독서'다. 신체적인 성장과 두뇌 발달은 아이의 읽기 수준을 가늠할 수 있는 중요한 잣대이자 독서 선정의 기준이 된다. 즉 아이의 발달 단계와 이해력 수준에 맞는 책읽기가 바로 적기 독서다. 아이의 나이, 발달, 읽기 수준에 적합한 내용의 책을 읽는 적기 독서는 적기 교육의 다른 말이기도 하다.

미국도서관협회(American Library Association)에서는 도서 선정의 주된 원리로 '적기에 적서를 적자에게 제공하는 것'이라고 규정하고 있다.

아이의 뇌 발달을 고려해 조기 교육을 금지하고 있는 영국을 비롯해, 이스라엘, 독일, 핀란드 등은 취학 전에 문자나 수를 가르치지 않는 것으로 알려져 있다. 핀란드에서는 8세 이전의 아이들에게 공식적인 읽기 교육을 하지 못하도록 법으로 금지하고 있지만, 읽기 성적을 비교한 국가 간 조사에서 꾸준하게 최상위 성적을 유지하고 있다.

독서 교육을 서둘러 하지 않아도 읽기능력이 우수한 것은 이들 국가의 독서 교육이 두뇌 발달 단계 및 이해력 발달 단계를 따르기 때문이다.

다른 아이들에 비해 독서량이 부족해도 아이의 능력과 발달에 맞는 적기 독서가 이루어질 때 비로소 아이가 성장한다.

두뇌 발달 속도에 맞는 독서가 필요하다

'브레인 푸드'라는 말이 유행할 정도로, 요즘 부모들은 아이의 두뇌 성장에 많은 관심을 쏟는다. 긍정적인 모습이다. 두뇌 발달에도 다 때가 있기 때문이다. 하지만 두뇌 발달에 대한 지나친 욕심이 조기 독서를 부추기고 있는 듯하여 안타깝다. 더 많은 자극, 더 많은 정보를 주입할수록 아이의 두뇌가 발달할 것이라고 착각하는 것이다.

언어와 기억을 담당하는 측두엽과 학습 기능을 담당하는 두정엽이 채 발달되지 않은 저학년 아이에게 논리력이 필요한 책만 읽힐 경우 아이의 두뇌 발달은 그 기초마저 흔들리고 만다.

수 년 전 4개 국어에 능통하여 화제가 된 중국의 6세 아이가 갑자기 실어증에 걸린 사연이 보도돼 전 세계 부모들에게 충격을 준 일이 있었다. 부모는 아이가 말문을 연 만 1세 때부터 영어로 대화를 하고 영어 CD를 틀어 주는 등 외국어 교육에 열을 올렸다. 그 덕분에 아이는 중국어는 물론 영어, 일본어, 프랑스어를 구사하게 됐는데 어린 나이에 여러 가지 언어를 무리하게 습득하면서 두뇌에 이상이 생긴 것이다.

아이들의 대뇌 용량은 제한적이며, 특히 언어 능력을 담당하는 대뇌 피질의 언어 중추는 다양한 외국어를 지나치게 주입했을 때 언어 사용의 혼란이나 발달 지체 현상이 발생하기 쉽다. 아이의 두뇌 발달에 적합한 적정의 자극이 얼마나 중요한지를 알려 주는 사례다.

책을 읽은 아이가 언어, 인지, 수학 영역 등에서 발달이 뛰어남을 밝힌 연구들이 속속 등장하면서 부모들 사이에서 독서 교육에 대한 관심이 커졌다. 하지만 두뇌 발달을 고려해야 하는 점은 간과하고 있다.

인간의 두뇌는 시기에 따라 발달하는 부위도 다르고 발달 정도도 다르다. 만 4~6세까지 전두엽이 주로 발달하고 두정엽과 측두엽이 시간을 두고 발달하는데, 그 과정에서 각 부위들이 서로 영향을 주고받으며 두뇌가 성장한다.

측두엽과 두정엽은 만 6~12세인 초등학교 시기에 발달하는 두뇌 영역이다. 초등학교를 만 6세 무렵에 입학하는 것도 바로 이러한 발달 단계에 준한 것이다.

두뇌는 문제를 인식하고 적용하고 해결하는 등 다양한 일을 하는 뇌세포들로 가득 차 있다. 이러한 뇌세포들은 경험을 통해서 하나씩 만들어지고 재구성되고 학습되어진다. 뇌세포와 뇌세포는 시냅스로 이어져 거대하고 복잡한 신경 전달망을 이루는데, 시냅스의 발달 정도에 따라 정보의 이동 속도와

양이 달라진다. 이 신경 조직망을 구성하는 데 가장 중요한 역할을 하는 것이 독서다.

전두엽을 예로 들면 보통 3~5세부터 발달하기 시작하는데, 도덕성 발달과 관련이 깊은 부위다. 전두엽이 발달하는 시기에 전래동화처럼 선악이 극명하게 다뤄지는 책을 읽으면 두뇌의 이 부위가 발달하는 효과가 있다. 또 이 시기는 읽기를 준비하는 단계로 독서에 대한 흥미가 결정되는 때이기도 하다. 따라서 아이가 흥미를 보일 만한 다양한 책을 읽힘으로써 책에 대한 관심을 높일 수 있다.

정서 발달 속도에 맞는 독서가 필요하다

정서 발달과 두뇌 발달 그리고 신체 발달은 따로 떼어 놓고 생각할 수 없다. 이 가운데 어느 하나라도 발달이 지체되면 나머지 발달에도 부정적인 영향을 끼친다. 몸이 건강하고 정서가 안정된 아이가 공부를 잘한다는 것은 누구나 아는 사실이다.

개인의 정서는 생물학적으로 타고나지만 그것이 충분히 충족되는지의 여부는 사회적 환경에 달려 있다. 특히 아이의 정서 발달에는 부모, 형제자매, 친구, 교사와의 관계가 아주 중요한 역할을 한다. 그리고 아이에게 필요한 정서 충족은 성장에 따라 다른 양상을 보인다.

심리학자 매슬로우(Abraham H. Maslow)는 아이는 먹고 자고 배설하는 '생리적 욕구'를 거쳐 '안전'에 대한 욕구를 가지게 되며, 이후 '사랑하고 사랑

받고 싶은 욕구와 소속의 욕구'를 가지게 된다고 한다. 이후 타인으로부터 '자신의 존재 가치를 인정받고 싶은 욕구'를 가지게 된다고 한다. 이러한 발달 과정에 적합한 욕구가 충족될 때 아이는 긍정적인 정서를 가지게 된다. 정서적 욕구가 충족되지 않은 아이는 욕구불만에 휩싸이기 쉽고, 정서적으로 불안해진다.

아이의 정서 발달은 아이의 욕구에 적합한 독서를 통해서도 꾀할 수 있다. 정서는 감정과 혼동되기도 하는데, 감정이 어떤 사건에 대한 일시적인 느낌이라면, 정서는 지속적으로 유지되는 느낌이라고 할 수 있다. 따라서 감정을 잘 다스리는 것이 정서 발달에도 도움이 된다. 아이들에게 책읽기는 다양한 감정을 느낄 수 있게 해주는 효율적인 도구다.

『쏘피가 화나면-정말, 정말 화나면』(케이유니버스)은 언니와 장난감을 가지고 싸우다 빼앗긴 쏘피가 화를 가라앉힐 수가 없자 집 밖으로 나와 걷기도 하고 울기도 하다가 새소리도 듣고 바람도 느끼면서 서서히 화가 풀리게 되는 내용이다. 아이들은 책을 읽으며 쏘피와 자신의 경우를 견주어 보거나 앞으로 자신에게 이런 일이 생겼을 때 어떻게 하면 좋을지를 생각해 보게 된다. 이를 통해 아이에게 화를 내는 것은 자연스러운 감정이며, 그 격한 감정을 어떻게 조절하여 다시 평온한 상태로 돌아올 수 있는지를 알려 준다.

이처럼 책을 통해 아이들은 정서를 인식하고 정서를 조절하는 법을 자연스럽게 터득하게 된다. '독서 치료' 역시 독서의 이러한 기능을 활용한 것이다. 책을 읽으며 아이들은 위로를 받는다. 요즘 초등학생들의 우울증과 스트레스 지수가 상당히 높은데, 아이의 현실과 정서 욕구에 맞는 책을 통해 아이는 위로를 받기도 하고, 문제를 해결해 나가는 힘을 얻기도 한다.

적기 독서가 어휘력을 향상시킨다

언어학자 촘스키(Avram Noam Chomsky)는 "모든 아이들은 태어날 때부터 언어 습득 장치를 가지고 있어서 언어를 쉽고 빠르게 배울 수 있다."고 주장했다. 사람은 언어를 배울 수 있는 능력을 가지고 태어난다는 뜻이다.

아이는 부모를 통해 자신이 속한 사회와 문화 안에서 사고하고 행동하는 법을 배우게 되는데, 이때 부모가 하는 말은 아이의 두뇌에 고스란히 저장된다. 이렇게 저장된 어휘들은 아이가 본격적으로 읽기, 쓰기를 배울 때 자연스럽게 나타나게 된다. 즉 어릴 적 부모가 제공하는 언어 환경에 따라 습득 어휘가 결정되는 것이다.

하지만 일상생활에서 사용하는 어휘는 한계가 있기 때문에 부모를 통해 듣고 배울 수 있는 어휘는 제한적일 수밖에 없다. 그러므로 아이에게 책을 읽어 줌으로써 보다 다양하고 수준 높은 어휘들을 가르쳐 줘야 한다.

보통 아이가 만 2~4세가 되면 급격히 언어가 발달한다. 독서와 언어학 권위자인 전정재 박사는 아이가 두 살이 되면 최소 50개의 단어를 써서 문장을 구성할 줄 알게 되고, 만 3세가 되면 일반적으로 1,000개의 단어를 습득하게 된다고 한다. 사실 만 5세가 되면 일상생활에서 별 무리 없이 의사소통을 할 수 있다.

하지만 생애에 걸쳐 가장 많은 양의 어휘를 학습하게 되는 시기는 단연 초등학교 시기다. 말하기, 듣기, 읽기, 쓰기를 본격적으로 배우는 이 시기의 아이들은 학습을 통해 소위 교양 어휘 및 고급 어휘를 익히게 된다.

초등학교 시기에 가장 많은 어휘를 습득하게 되는 또 다른 이유는 또래들과의 상호 작용을 통해 자주 쓰기 때문이다. 말이란 자주 써야 내 것으로 만들 수 있다. 책을 읽고 알게 되거나 어른들이 사용하는 말을 들어 알게 된 어휘라 하더라도 쓰지 않으면 내 것으로 만들 수 없다. 활용하지 못하는 어휘는 죽은 어휘가 된다. 아이에게 아무리 수준 높은 책을 읽혀도, 아무리 많은 책을 일찍 접하게 하더라도 어휘량이 폭발적으로 향상되지 않는 것은 바로 이 때문이다. 아이의 어휘량을 늘리고 싶다면 새로 익힌 어휘를 자주 사용할 수 있도록 도와야 한다. 수준에 맞지 않는 어휘들을 억지로 주입시켜 봤자 의미 파악이 되지 않을뿐더러 어디에서 활용해야 할지 몰라 자기 것으로 만들지 못한다.

즉 어휘량이 급증하는 초등학교 시기, 부모는 적기 독서를 통해 아이 발달에 맞는 어휘 습득을 돕고, 적절한 활용의 기회를 마련해 줘야 한다. 예를 들어 『복 타러 간 사람』(보림) 중에는 "밤이 되자 선비는 산 속의 외딴집에서 하룻밤 묵어가기로 했어요."라는 말이 나온다. 이때 아이들은 '묵다'를 '묶다'와 헷갈려 한다. 이러한 아이들에게 "너희들 명절 때 할머니 집에서 하룻밤 묵고 온 적 있지?" 하는 식으로 활용 예시를 들어 설명해 주면 자연스럽게 습득할 수 있다.

무엇보다 아이 수준에 맞지 않는 책은 이해조차 하지 못해 책에 대한 흥미 자체를 떨어뜨린다. 아이가 모르는 어휘가 나오더라도 앞뒤 문맥을 통해 대략적인 의미 파악이 가능한 수준의 책을 골라 줘야 한다.

아이에게 어려운 시사 어휘, 이렇게 가르쳐라

아이의 어휘력을 결정짓는 사람은 부모다. 부모와 함께 텔레비전을 보던 아이가 "엄마, 여소야대가 뭐야?" 하고 물었을 때, 의외로 많은 부모가 "크면 저절로 알게 돼." "넌 아직 몰라도 돼." 하는 식으로 얼버무린다. 그러면 대화는 여기서 단절되고 만다.

아이의 질문에 관심을 갖고 답변해 줘야 한다. 아주 기본적인 수준이라 해도 한자를 아는 아이라면 좀 더 쉽게 접근할 수 있다. '여소야대'의 소와 대에 동그라미를 친 뒤 한 글자씩 읽어 보게 한 다음 한자로 어떤 뜻인지 물어보자.

"소와 대는 각각 무슨 뜻일까?"

"작다, 크다는 뜻이요."

"그래 맞아, 그럼 여와 야는 무엇일까?"

이때 아이의 배경지식의 정도에 따라 다르게 코칭해야 한다. 여당과 야당이 무엇인지 알고 있는 아이의 경우 국회의원 의석수를 이야기해 주면 된다. 하지만 모르는 아이의 경우 여당과 야당이 무엇이며 어떤 역할을 하는지 차근차근 설명하도록 한다. 설명이 끝난 뒤 반대로 부모는 아이에게 "그럼 여대야소는 뭘까?" 하고 묻는다. 아이가 주저 없이 답을 한다면 제대로 이해한 것이다. 그리고 나서 여소야대와 여대야소의 장단점을 이야기해 본다면 아이는 이 말을 완전히 이해하게 된다.

가정에서 코칭을 할 때 가장 주의할 점은 무엇보다 밝고 좋은 감정으로 이야기를 나누는 일이다. 부모가 일방적으로 가르치는 형식이 되어서는 안 되며 지나치게 친절한 설명도 삼가도록 한다. 여당과 야당을 설명하려다 보니 우리나라 정치 구조에 대해 설명하게 되고, 지난날 정치 형태는 어땠는지를 이야기하다 보니 다른 나라와의 차이점까지 이야기하게 되는 등 끝이 없다. 낱말의 뜻 하나 알려다가 아이는 지겨운 교육을 받게 될지도 모른다. 시사 어휘는 아이의 연령에 따라 눈높이를 맞춰 이해시키는 요령이 필요하다.

적기 독서는 자기 주도성 교육의 시작이다

자립심 강하고 자기 주도적인 아이로 키우고 싶은 건 모든 부모의 염원이다. 하지만 이러한 바람과는 달리 부모는 아이의 일거수일투족을 감시하고 관리한다. 그러다 보니 아이들은 자신의 오후 스케줄도 몰라 오늘 무엇을 해야 할지, 무슨 학원을 갈지 일일이 부모에게 확인받는다.

부모는 자기 주도성마저 학습의 대상으로 여겨 "오늘 학습지 몇 장 풀 거니? 계획을 세우고 풀어."라고 말하며 아이에게 자율성을 줬다고 착각한다. 하지만 진정한 자율성이란 아이가 스스로 자신이 해야 할 일들을 정할 수 있도록 하는 것이다. "학습지 몇 장 풀 거니?"라고 물을 것이 아니라 "무엇을 할래?"라고 물어야 하는 것이다.

아이가 오늘 무슨 옷을 입을지, 무슨 신발을 신을지, 무슨 일을 해야 할지 몰라 자꾸 묻는다면, 아이와의 대화 방법부터 되돌아보아야 한다. 아이가 스스로 생각하여 행동하려 하지 않는다면 부모가 나서서 아이 스스로 생각할 수 있도록 도와야 한다. 아이의 생각을 먼저 묻고, 아이의 생각이 잘못되었을 때는 충분히 설명을 해줘 이해시키는 일이 필요하다.

간혹 아이가 일일이 부모의 허락을 받는 행동을 두고 "착하다."고 표현하는 경향이 있는데, 착한 것과 문제 해결력이 낮은 것은 엄연히 다르다. 또 부모는 아이의 질문에 늘 단답형 혹은 지시형으로 답하는 화법을 고쳐야 한다. 이러한 부모의 태도는 아이의 사고력 형성의 기회를 앗아 갈 뿐만 아니라 일방적인 지시와 명령에 익숙해지게 만든다.

일상생활이 타인의 의지에 의해 결정되는 아이는 책을 읽거나 공부를 할 때도 스스로 결정하고 실행하기 어렵다. 사고력이 낮은 아이는 의존도가 높고 문제 해결력이 낮다. 그래서 스스로 할 수 있는 간단한 일도 부모가 답을 내려 주기 바란다.

독서 역시 마찬가지다. 책 읽으라는 잔소리를 달고 사는 부모 아래에서 자란 아이는 책을 고르는 안목을 가질 수 없고, 책을 왜 읽어야 하는지 그 의미조차 알 수 없다. 이러한 수동적인 책읽기는 독서의 재미를 알려 주지 않는다.

또 자신의 수준에 맞지 않는 책을 읽다 보면 자연적으로 부모와 교사에 대한 의존도가 높아진다. 그러니 책은 읽되 책을 통해 얻을 수 있는 효과는 극히 한정적이다. 이런 아이들은 고학년이 되어 부모의 영향력을 벗어나게 되면 독서량이 현격히 줄어들게 된다.

스스로 생각하며 독서하는 아이는 책에서 새롭게 얻은 지식을 이미 알고 있는 지식과 연결시켜 사고를 확장시킨다. 이러한 사고 과정이 새로운 지식에 대한 호기심과 욕구로 이어지게 된다. 능동적인 책읽기가 가능해지는 것이다. 적기 독서는 부모가 아닌 '아이'를 중심으로 한다. 당연히 아이는 책을 읽는 즐거움을 깨닫게 되고 스스로 책을 찾아 읽게 된다.

2-2

적기 독서의
성공 법칙

다른 아이가 읽은 책을, 남들이 좋다고 하는 책을,
내 아이도 반드시 읽어야 한다는 생각은 아이의 주체를 무시하는 행동이다.
내 아이만의 생각을 담을 수 있는 그릇을 만들어 주는 게 부모의 할 일이다.
적기 독서는 여기에서 시작된다.

적기 독서의 핵심은 아이에 대한 믿음이다

아이들은 저마다 자신만의 능력을 가지고 태어난다. 그런데 눈에 띄는 재주가 있지 않는 한 아주 어릴 적부터 그 능력을 발견하기란 쉽지 않다. 그래서 모든 부모들이 아이의 숨겨진 재능을 찾아 주기 위해 다양한 시도를 한다. 특히 초등학생 아이를 둔 부모들은 아이의 재능 찾기에 혈안이 되어 있다. 그러다 보니 아이들은 매 순간마다 자신의 재능을 시험 받게 된다. 가정이나 학교는 물론 학원에서까지 여러 각도에서 평가받고 수준이 매겨진다. 한편 부모들은 자기 자신과 아이를 일치시키는 경향이 있는 탓에 "네가 못하면 남들이 부모 흉을 본다."는 식의 말을 하여 아이의 자신감을 꺾는다.

부모는 자신의 아이가 최고이길 바란다. 독서에서도 마찬가지다. 그래서

가혹하리만치 엄격하게 교육시키며 경쟁적으로 책을 읽힌다. 하지만 아이들은 저마다 다른 기질과 특성을 가지고 있다. 같은 책을 읽어도 받아들이는 바가 다르고 독서 효과에 차이가 있는 것은 이 때문이다.

많은 부모가 "아이가 과학책만 읽으려고 해요." "다른 책도 읽히고 싶은데 이야기책만 읽어요." 하며 독서 편식에 대한 걱정을 하지만 실은 자연스러운 현상이다. 그것이 유전적 요인이든 환경적 요인이든 아이는 저마다 관심 가는 분야가 있기 마련이다. 책은 골고루 읽어야 한다며 억지로 아이가 좋아하지 않는 분야의 책읽기를 강요하다 보면 아이는 얼마 가지 않아 독서 자체에 흥미를 잃게 된다.

부모 역시 좋아하는 영화가 있고, 즐겨 보는 책이 있는 것처럼 아이도 그렇다. 아이에게 너무 완벽할 것을 요구하고 있는 것은 아닌지 반성해 볼 필요가 있다. 물론 학령기이며 성장기에 있는 아이가 다양한 분야의 책을 골고루 읽으면 다방면에 풍부한 스키마를 갖게 되어 학습에 도움이 될 뿐 아니라 정서 발달에도 좋다. 하지만 편식 없이 골고루 읽는 아이들은 아주 드물다.

부모의 역할은 아이의 독서 편식을 막는 것이 아니라 아이의 관심 분야를 발견해 주고, 잘하는 것은 무엇이고 어려워하는 것은 무엇인지 알아 주는 것이다. 다만 아이의 관심 분야를 알았다고 하여 바로 진로를 정해 버리거나 어느 특정 분야에서 영재성을 보인다는 식의 섣부른 평가나 판단은 금물이다. 아이의 관심 분야를 알았다면 알맞은 책을 추천해 주고 아이 스스로 책을 선택해 읽을 수 있도록 기다려 줘야 한다.

다른 아이가 읽은 책은 내 아이도 반드시 읽어야 하고, 다른 아이가 가진 책은 반드시 구입해야 한다는 생각은 내 아이의 주체를 무시하는 일이다. 그러면서 부모는 다른 아이와 다른 생각을 하고 다른 꿈을 가지라고 말한다. 가능한 일일까? 내 아이만의 생각을 담을 수 있는 그릇을 만들어 주는 게 부모가 할 일이다.

독서는 남이 하는 것을 따라 하는 게 아니다. 아이가 좋아하는 분야는 노력에 따라 고등 사고인 창의적 사고까지 이끌어 낼 수 있으며, 그렇지 않은 분야는 관심을 갖는 일부터 시작해야 한다. 이러한 특성을 파악하여 아이의 수준에 맞는 책을 찾아 읽을 수 있도록 도와야 한다.

이렇게 시작하는 게 적기 독서다. 관심이 있어 잘 하는 분야에서 깊은 사고를 할 수 있을 때 다른 분야에까지 응용이 가능해진다. 이것 찔끔 저것 찔끔 하다 보면 무엇 하나 좋아하고 잘하는 분야가 없게 된다.

아이들이 자라 사회인이 되었을 때 사회에서 요구하는 능력은 저마다 다르다. 지금은 어설프고 미덥지 않아 보이지만, 아이마다 능력이 다르고 발현되는 시점도 다르다. 우리 아이가 언제 어디서 빛을 발휘하게 될지는 아무도 모른다.

아이가 책을 읽을 때 종종 한눈을 팔고 공상에 잠기는가? 이는 ADHD(주의력결핍 과잉행동장애)일 수도 있지만, 최근 자주 말다툼하는 친구 문제 때문일 수도 있으며, 조금 전에 보던 만화 내용이 궁금해서일 수도 있다. 또는 창의적 사고의 초기 형태일 수도 있다.

아이의 능력은 완성되어 있는 게 아니라 발현할 수 있도록 찾아 주고 끌어 줘야 하는 것임을 명심하길 바란다. 그리고 아이에 대한 믿음이야말로 적기 독서의 시작임을 꼭 기억했으면 한다.

아이의 독서 준비를 먼저 점검하라

대부분 아이가 글자를 알면 책을 읽을 수 있으며, 책을 읽으면 그 내용을 이해할 수 있다고 생각한다. 그러나 아이들은 글자를 안다고 해도 책을 읽을 준비가 되어 있지 않다.

독서를 하기 위해서는 어떤 준비가 필요할까? 원활한 독서를 위해서는 모든 학습의 기초가 되는 신체 · 정서 · 두뇌 발달이 고루 갖추어져 있어야 한다. 그리고 독자의 연령에 맞는 읽기능력을 가지고 있어야 한다. 이들 요인 중 어느 하나라도 준비되어 있지 않으면 독서에 문제가 생긴다.

아이가 또래 아이들보다 독서력이 부족해 보인다면, 반드시 아이의 독서 준비를 체크해 봐야 한다. 만약 아이가 취학 전이라면 신체적 요인과 정서적 요인을 좀 더 집중적으로 관찰할 필요가 있다. 또 학년이 올라갈수록 정서 발달과 지적 발달 그리고 읽기능력의 정도를 살펴봐야 한다.

아이의 읽기 속도를 확인하라

6학년인 인영이는 초등학교에 입학할 무렵에야 사시가 심하다는 것을 알게 되었다. 그런 줄도 모르고 잘 읽지 못한다며 아이만을 탓했던 인영이의 부모는 심한 죄책감을 느끼며 아이의 시력을 조정해 주기 위해 노력했다. 하지만 빠른 치료를 받지 못해 한글을 익히지 못한 상태에서 입학한 인영이는 읽기 부진으로 학습에도 어려움을 겪었고 책읽기 시기를 놓쳐 또래 아이들에 비해 사고력이 많이 부족했다. 뒤늦게라도 원인을 알고 고칠 수 있게 되었지만 인영이는 그동안 받은 마음의 상처가 매우 컸다.

생각보다 많은 아이들이 글자를 빨리 인지하지 못한다. 책을 읽을 때 집중력이 약해 내용을 자꾸 놓치거나 읽는 데 너무 많은 시간이 걸리는 아이들이 있다. 이런 경우 시력이 좋지 않거나 불안정한 상태일 우려가 있다. 평소 아이가 얼굴을 자주 찡그리거나 눈을 자주 깜박거리는가? 책을 얼굴 가까이 대고 보거나 눈을 자주 비비며 눈의 피로를 호소한다면 시력에 문제가 없는지 확인해 봐야 한다.

사시인 줄도 모른 채 아이는 물론 부모까지 답답해했을 인영이 가족을 생각하면 안타깝다.

시력에 문제가 있었던 아이는 부모의 다그침에 영문도 모르고 야단을 맞아야 했을 것이고, 정확한 이유도 모른 채 아이를 다그치기만 했던 부모는 자책감에 괴로워했을 것이다.

시력은 다른 감각 기관에 비해 비교적 늦게 발달해 만 5~6세가 되어야 성인의 시력인 1.0에 도달하게 되며 8~9세가 되어야 기능이 완성된다. 아이들의 시력은 불안정해서 자칫 문제가 있다 하더라도 뒤늦게 발견되는 경우가 많으니 부모가 관심을 가져 줘야 한다.

듣기능력은 청력과 다르다

청력은 오감 중에 가장 먼저 발달하며, 어려서부터 아이에게 책을 읽어 주는 부모가 많다 보니 청력의 문제는 비교적 일찌감치 발견되는 편이다. 사실 잘 듣는다고 해서 아이의 듣기능력에 문제가 없는 것은 아니다.

청력에는 아무 이상이 없지만 주의가 산만하고 심부름을 시키면 꼭 한두 개씩 빼먹고, 음독할 때 단어를 생략하거나 다른 말로 대체하여 읽거나 말을 얼버무리며 끝맺는다면 듣기능력에 문제가 있는 것이다. 듣기능력은 의사소통 및 모든 학습의 기본이 되기 때문에 청력에 이상이 없다고 해서 간과해서는 안 된다.

먼저 아이의 마음을 챙겨라

사흘이 멀다 하고 상장을 받아 오는 우등생 언니 때문에 시은이는 항상 좌절감에 시달린다. 자신은 잘하는 게 하나도 없는 천덕꾸러기처럼 생각되는 것이다.

시은이는 자신도 책을 잘 읽고 싶지만 책만 읽으려고 하면 왠지 불안해진다. 얼마 전 글쓰기 대회에 나가 상을 받아 온 언니처럼 자신도 잘할 수 있을지 늘 걱정이 앞선다. 자신이 아무리 노력한다고 해도 언니를 이길 수 있을 것

같지 않다.

　시은이의 부모가 대놓고 비교하는 건 아니지만 칭찬받는 언니를 바라보는 시은이의 마음은 늘 상처투성이다.

　학습과 마찬가지로 독서 역시 정서적 요인에 많은 영향을 받는다. 아이의 정서에 미치는 요인은 단연 가정 환경과 학교생활이다. 선생님에게 야단을 맞거나 친구와 사이가 좋지 않을 때 아이는 심한 스트레스를 받는다. 당연히 책이 눈에 들어올 리가 없다. 부부 사이가 좋지 않거나 시은이처럼 형제자매 사이에서 비교를 당할 때도 아이는 정서적으로 불안정하기 쉽다.

　정서적으로 불안정하면 책읽기에 흥미를 붙이지 못해 쉽게 포기한다. 읽더라도 내용을 제대로 기억하지 못한다.

　아이를 괴롭히는 문제가 사라지면 자연적으로 아이의 정서는 안정된다. 하지만 시은이의 사례처럼 좌절감이 오래 지속된 경우 마음속 깊은 상처는 잘 낫지 않는다.

　따라서 아이가 손톱을 물어뜯거나 머리카락을 자주 꼬지는 않는지, 다른 사람에게 심하게 의존하지는 않는지, 쉽게 피로를 느끼거나 늘 경직되어 있고 화를 자주 내지는 않는지, 지나치게 수동적인 것은 아닌지를 살펴 아이의 정서에 문제가 없는지 적극 살펴야 한다.

초등학교 시기에 적합한 읽기 기술이 있다

중학교 2학년인 준영이가 엄마와 함께 나를 찾아왔다. 준영이 엄마의 말에 의하면 초등학교 때까지만 해도 책을 좋아하고 상위권의 성적을 유지했었는데 중학생이 되면서 급격히 책을 멀리하더니 성적도 떨어지기 시작했다는 것이다.

우선 아이의 수준을 파악해 보기 위해 "한국은 예방 접종을 시행하고 있지만, 저개발국에서는 매년 2,300여 만 명의 아이들이 백신 주사를 맞지 못해 전염병에 걸리거나 장애 혹은 사망에 이른다."는 신문 기사를 읽고 요약해 보라고 했다.

빠른 속도로 신문을 읽어 내려가던 준영이는 곧바로 글을 쓰기 시작했다. 그런데 준영이가 요약한 글은 "한국의 예방 접종으로 2,300만 명의 어린이가 백신 주사를 맞지 못했다."는 내용이었다. 전혀 다른 내용으로 요약해 놓은 준영이에게 어색한 곳이 없는지, 제대로 요약하였는지 확인하라고 하자 이상이 없다고 했다.

준영이의 문제점을 쉽게 파악할 수 있었다. 바로 읽기법에 문제가 있었던 것이다. 준영이는 문장을 읽을 때 문장의 순서에 따라 가며 글을 읽는 게 아니라 문장의 순서를 뒤죽박죽 위아래로 옮겨 가며 읽는 습관을 가지고 있었다.

사실 준영이와 같은 아이가 대단히 많다. 읽기 습관이 제대로 형성되지 않은 상태에서 많은 책을 읽으려다 보니 속독 습관이 생겨 버린 것이다. 속독은 눈 운동을 빠르게 하면 읽기 속도가 빨라질 것이라는 원리에서 나온 독서법이다. 한때 엄청난 인기를 끌기도 했는데 글의 이해를 방해한다는 이유로 점차 관심 밖으로 밀려나게 되었다.

준영이처럼 잘못된 읽기 습관을 가진 아이들의 문제 원인을 살펴보면 책을 처음 읽기 시작할 무렵 음독의 과정을 충분히 거치지 않은 상태에서 묵독으로 넘어간 경우가 많다. 묵독은 소리 내어 읽기보다 집중이 더 잘 되어 전체 내용을 이해하는 데 음독보다 효과적이다. 하지만 아이의 읽기 오류를 확인하기가 어렵다.

아이의 읽기 습관에 문제가 있는지 살펴보고자 한다면 읽기 태도와 속도로 확인할 수 있다. 준영이의 경우처럼 지나치게 책을 빨리 읽는다면 눈동자 움직임을 자세히 관찰해 보고, 내용을 요약해 보게 해야 한다. 요약하는 것을 어려워한다면 읽은 내용을 그대로 말하게 해도 좋다.

이와 반대로 아이가 지나치게 느리게 읽을 경우에는 제대로 집중하고 있는지를 관찰해야 한다. 읽을 때 머리를 자주 움직이거나 머리카락을 계속 만지작거린다면 우선 도서의 수준이 아이에게 지나치게 어려운 것은 아닌지 살펴봐야 한다. 만약 그것이 아니라면 주의 집중력이 부족하다는 뜻이다. 만약 아이가 입술을 오물오물 움직이며 책을 읽는다면 아직 묵독이 몸에 배지 않았다는 표시다.

묵독하는 아이에게서 이러한 증상이 보인다면 학년에 상관없이 음독을 권유한다. 음독을 통해 글자를 빠뜨리지 않고 정확하게 읽는 훈련을 함과 동시에 의미 단위로 끊어 읽는 연습을 충분히 한 뒤 묵독으로 넘어가도록 한다.

초등학교 시기엔 다양한 읽기 자료를 정독하고 반복해 다시 읽는 습관이 필요하다. 무조건 빨리, 많이 읽는다고 하여 아이의 이해력이나 사고력이 확장되는 것은 아니다.

중요한 것은 글자를 읽는 속도가 아니라 책의 내용을 빠르게 이해하고 처리하는 속도다. 꾸준한 책읽기를 통해 풍부한 배경지식과 어휘력을 쌓은 아이는 읽기 속도가 저절로 빨라진다. 다시 말해 정독의 과정을 수없이 거치면 속독은 저절로 습득되는 기술이다.

3장

보이지 않는 것을 상상하는 힘을 키우는 1학년

책이 학습 도구로만 쓰일 때 아이는 책에 대한 흥미를 잃게 된다. 1학년은 책에 대한 흥미를 높이고 기초 독서력을 쌓는 시기다. 때로는 책을 통해 마음껏 상상하게 해주고, 때로는 책을 통해 낯선 학교생활로 지친 마음을 치유할 수 있도록 해줘야 한다. 그러는 사이 아이는 조금씩 책과 친해지게 된다.

1학년 적기 독서법

이미지를 떠올리는 힘을 키워 줘라!

미래의 문맹은 글자를 읽지 못해서가 아니라 이미지를 이해하지 못해 생긴다고 한다.
이를 좌우하는 것은 상상력이며, 어려서 충분히 이를 연습하지 못한 아이는
학년이 올라갈수록 글을 이해하는 능력이 뒤처지게 된다.

세상 모든 일을 상상의 세계로 끌어들인다

1학년은 독서 초보 단계다. 모르는 어휘가 많아 읽는 속도가 대단히 느리며, 문장을 통째로 이해하기보다는 낱말 하나하나에 초점이 맞춰지다 보니 글 해독력이 매우 낮다. 따라서 이 시기에 독서량을 지나치게 늘리거나 아이 수준보다 높은 책을 읽히지 않도록 유의해야 한다. 무엇보다도 스스로 책을 읽기 시작하는 시기이므로, 내용이 비교적 짧고 재미있으며, 어휘가 쉬운 그림책을 읽혀야 한다.

이 시기 아이들의 상상력은 무한하다. 만 4세부터 발달하기 시작하는 상상력은 만 7세가 되면 최고조에 달한다. 그래서 초등학교 1학년 무렵의 아이들은 이 세상의 모든 일을 자기만의 상상의 세계로 끌어들이는 맑고 순수한 감성을 가지고 있다. 아파트 옥상에서 뛰면 하늘을 날아오를 것 같고, 목

욕하기 싫을 때 세탁기 속에 들어가면 몸이 저절로 깨끗해질 것 같다. 또 만화 주인공에게 일어난 일들이 자신에게도 일어날 것이라고 믿는다.

아직 상상의 세계와 현실의 세계를 혼동하는 경향이 있어 때로는 침대 밑에 괴물이 있다거나 학교 가는 길에 악어를 만났다고 실제로 믿는다. 이처럼 아이들은 어른들이 보기에는 말도 안 되는 상상을 하곤 하는데, 그림책은 아이들의 상상을 충족시키고 북돋는 역할을 한다. 상상력 발달은 어휘력 향상에도 영향을 미친다.

상상 속 이야기를 실감나게 꾸며 말하다 보니 간혹 하지 않은 숙제를 다 했다고 하는 등 금방 들킬 일인데도 아랑곳하지 않고 거짓말을 하기도 한다. "이러다가 거짓말쟁이가 되는 건 아닐까?" 하는 우려가 생길 수도 있지만, 걱정하지 않아도 된다. 머지않아 학교생활을 통해 규칙을 익히고 다양한 지식을 쌓으며 자연스럽게 상상과 현실을 구분해 간다.

부모의 반응이 아이의 상상력을 결정짓는다

뛰어난 상상력을 가진 이 시기 아이들은 꽃이나 인형에게 말을 걸거나 심지어 보이지 않는 친구를 만들기도 한다. 보통 3~7세 아이들이 주로 보이는 특징으로, 모든 사물이 살아 있다고 생각하기 때문이다. 이를 '물활론적 사고'라고 한다.

또 인형은 나와 함께 놀아 주기 위해 존재하는 것이라 여기는 등 자기중심적으로 사고하는 모습을 보인다. 이는 자신의 상황을 중심으로 모든 사물을 이해하기 때문이다.

상상력은 저학년 때까지 가장 활발하게 발달하기 때문에 이 시기 아이들에게 적절한 자극을 주어 상상력 향상을 도와야 한다. 사실 아이들은 모두 뛰어난 상상가로 태어난다. 단지 부모의 잘못된 훈육과 판에 박힌 교육 체계로 인해 상상력의 발달 기회를 놓칠 뿐이다. 따라서 무언가 특별한 자극을 주려고 노력하기보다 아이가 가진 상상력을 존중해 줄 수 있는 방법을 고민하는 게 훨씬 효율적이다.

"아니, 얘가 있지도 않은 아이를 친구라고 하네." 하며 아이가 가상의 친구와 노는 것을 비난하거나 아이가 꾸며 이야기를 할 때 거짓말을 한다고 몰아붙이면 아이는 더 이상 상상하기를 멈춰 버린다.

그림책으로 상상의 씨앗을 뿌려라

미래의 문맹은 글자를 읽지 못해서가 아니라 이미지를 이해하지 못해 생긴다고 한다. 상상력은 이미지를 그릴 수 있는 능력을 의미하기도 하는데, 상상력 발달에 가장 좋은 도서가 바로 그림책이다.

아이에게 '사과'를 가르친다고 하자. 사과를 한 번도 보지 못한 아이는 사과가 무엇인지 정확히 알 수 없다. 하지만 그림책에서 사과를 보고 또 사과를 직접 먹어 본 아이는 사과라는 단어를 그림책 속의 사과의 모습과 자신이 직접 먹어 보며 느낀 사과의 색, 향, 식감 등과 결부지어 머릿속에 이미지를 만들어 놓을 것이다. 사과라는 글자만 익힌 아이의 '사과'와 직접 먹어 보고 그림으로 본 아이의 '사과'는 당연히 같을 수 없다. 다시 말해 사과에 관한 지식이 서로 다르다. 즉 단순히 단어만 익힐 때보다 체험이나 경험이 동반될 때 아이가 머릿속에서 이미지를 보다 효율적으로 만들어 낼 수 있다.

이 시기 아이들에게 그림책을 많이 읽혀야 하는 것도 이 때문이다. 특히 공룡이나 외계인처럼 일상에서 볼 수 없는 대상의 경우 그림이나 사진을 통해 접해 보지 않은 아이들은 연상할 수 없다. 또 사랑, 자비, 평화처럼 추상적인 의미의 단어들 역시 마찬가지다. '뾰족하고 날카로운 철탑'이란 글을 읽고 이해하려면 '뾰족하다'와 '날카롭다' 그리고 '철의 특징이 드러난 탑'을 동시에 연상할 수 있어야 한다. 그만큼 아이들에게 그림책은 대단히 중요하다.

상상력은 무에서 유를 만들어 내는 것이 아니라, 상상할 수 있는 씨앗을 바탕으로 줄기를 만들고 가지를 쳐 나가는 것이다. 그림책은 아이들에게 상상력의 씨앗을 뿌려 준다.

이 시기에 그림책을 충분히 접하지 못한 아이는 이미지를 떠올리는 힘이 부족하여 학년이 올라갈수록 글을 이해하는 능력이 뒤처지게 된다.

'글'이 아니라 '그림'을 읽혀라

그림책의 그림은 대단한 묘사와 설명 없이 이미지로 내용을 표현하는 함축성을 지니고 있다. 그림을 통해 아이들은 글의 내용을 전달받게 되는데, 이는 나중에 그림이나 사진 없이 글을 통해 이미지를 떠올리는 데 직접적인 영향을 준다.

아이가 그림에만 집중한다며 손가락으로 글자를 짚어 가며 그림책을 읽어 주는 부모가 있는데, 이는 아이의 상상력을 방해하는 어리석은 행동이다. 아이에게 그림책을 읽힐 때는 글자를 바르게 읽도록 지도하기보다 그림을 보며 충분히 상상할 수 있도록 돕는 게 현명하다. 부모가 읽어 주면서 표지 그림과 제목을 보고 내용을 상상하게 하거나, 읽는 도중에 다음 장면을 예측해 보게 하는 것도 아이의 상상력을 자극한다. 이는 후에 추론력 발달에 직접적인 도움을 준다. 또 만약 내가 주인공이라면 어떻게 할지 상상해 보게 하는 것도 좋다.

또 그림책의 그림은 아직 읽기가 미숙하고 경험이 부족한 아이들에게 글에서는 이해하기 어렵고 상상하기 힘든 감정, 내용들을 전달하여 공감을 불러일으킨다. 가령 『넉 점 반』(창비)은 우리나라 최초로 동시집을 출간한 윤석중의 작품에 이영경 작가가 우리 전통의 선을 살려 그림으로 표현해 낸 시그림책이다. 지금처럼 시계가 흔치 않았던 옛날, 지금 몇 시인지 알아오라는 엄마의 부탁에 가겟집에 심부름을 다녀오는 여자아이의 모습을 그리고 있다. 집으로 돌아오는 길에 물 먹는 닭, 개미, 잠자리, 분꽃에 정신이 팔린 주인공의 모습을 담은 그림은 아이들을 책 속으로 초대한다. 결국 해가 다 지고서야 집으로 돌아온 주인공이 멋쩍은 표정으로 "엄마 시방 넉 점 반이래요." 하고 외치는 장면을 보며 아이들은 "깔깔~" 웃게 된다. 그림을 통해 주인공과 깊이 교감하게 되는 것이다. 이때 부모는 아이가 그림을 충분히 감상할 수 있도록 감정을 넣어 글을 읽어 주면 좋다.

지식그림책을 읽힐 때는 그림에 더욱 주목시켜야 한다. 정보를 글로 풀면 설명이 길어지기 때문에 아이는 긴 글을 읽으며 머릿속으로 상상해야 하는 등 어려움이 많다. 하지만 그림은 단 한 장면으로 긴 설명을 대신한다. 특히 『지렁이가 흙똥을 누었어』(다섯수레)처럼 세밀화를 통해 사진보다 더 명확하고 자세하게 사물을 묘사해 주는 책은 그 어떤 설명보다 많은 내용을 그림에서 보여 준다. 이런 그림책을 볼 때는 아이에게 "지렁이가 어떻게 생겼는지 설명해 줄래?" 하고 부탁하여 자세히 관찰하도록 유도해야 한다. 그러는 사이 관찰력과 정보 전달력이 길러진다.

만약 아이가 그림책에 흥미를 붙이지 못한다면, 부모가 적극 개입하여 등장인물의 상황이나 심정을 물어보며 그림책 읽기를 유도해야 한다. 예를 들어 『구룬파 유치원』(한림출판사)은 게으르고 자신감 없던 외톨이 구룬파가 친구들의 도움으로 일터에 가게 되지만, 가는 곳마다 쫓겨나다가 결국 잘할 수 있는 일을 찾게 된다는 이야기다. 구룬파의 여정을 통해 누구나 잘할 수 있는 일이 있다는 사실을 깨닫게 해준다. 아이와 함께 읽으며 "구룬파가 일자리를 잃었을 때 어떤 마음이었을까?" "구룬파는 앞으로 어떤 모습으로 살아갈까?" 등을 물어 적극적으로 책을 읽을 수 있게 도와야 한다.

◉ 아이의 상상력을 발달시키는 그림책

어떤 그림책이 좋은 그림책일까? 좋은 그림책이란 문학성과 예술성 그리고 교육적인 정보를 담고 있는 책이다. 그림책은 수채화, 수묵화, 유화, 종이접기처럼 다양한 표현 기법을 활용하고 있으므로 골고루 보여 주는 게 좋다. 이는 아이의 미술적 감각을 자극한다. 이 시기 아이들의 상상력 발달에 좋은 그림책을 골라 보았다. 아이가 관심을 보이는 책부터 읽힐 것을 권한다.

『빨간 풍선의 모험』(시공주니어), 『개구리네 한솥밥』(보림), 『책 먹는 여우』(주니어김영사), 『만희네 글자벌레』(길벗어린이), 『아씨방 일곱동무』(비룡소), 『구름빵』(한솔수북), 『지각대장 존』(비룡소), 『학교에 간 사자』(논장), 『알을 품은 여우』(한림출판사), 『아빠랑 함께 피자 놀이를』(보림), 『소리괴물』(계수나무), 『난 토마토 절대 안 먹어』(국민서관), 『눈물 바다』(사계절), 『노란 우산』(보림), 『호랑이 뱃속 잔치』(사계절) 등이 있다.

『빨간 풍선의 모험』과 『노란 우산』과 같이 글자 없는 그림책은 그림만 보면서 내용을 상상하게 하므로 아이가 가진 상상력을 맘껏 발휘할 수 있다.

스토리텔링에서 상상력이 시작된다

책 읽어 주기의 효과는 이미 많이 알려진 사실이다. 하지만 아이에게 책을 읽어 주는 일이 보통 힘든 게 아니다. 그러다 보니 부모는 "언제까지 책을 읽어 줘야 하나요?" "초등학생인 아이에게도 읽어 줘야 하나요?" 하고 질문을 한다. 부모는 힘들겠지만 질문의 답은 '아이가 원할 때까지'이다.

스스로 책을 읽을 수 있는 아이가 부모에게 책을 읽어 달라고 하는 데에는 이유가 있다. 부모와 함께 시간을 보내고 싶어서, 부모가 들려주는 이야기를 들으며 마음껏 상상의 나래를 펼치고 싶어서다. 부모가 읽어 주는 이야기를 들으며 아이는 자연스럽게 머릿속으로 내용을 그리게 된다. 그러면서 저절로 아이의 집중력과 상상력이 발달하게 된다.

또 이 시간은 단순히 책을 읽는 시간이 아니라 부모와 아이가 서로 교감하는 시간이기도 하다. 따라서 아이와 함께하는 시간이 적은 부모일수록 아이에게 꾸준히 책을 읽어 주는 게 좋다.

글자를 읽을 줄 아는 아이가 책을 읽어 달라고 조르는 까닭은 듣기 수준과 읽기 수준의 차이 때문이기도 하다. 듣기능력이 읽기능력에 비해 훨씬 먼저 발달하는 탓에 중학교 2학년 무렵이 되어야 듣기 수준과 읽기 수준이 서로 비슷해진다. 스스로 읽어 이해가 안 되던 내용도 다른 사람이 읽어 주면 금방 이해되는 것도 이 때문이다.

미국 보스턴 대학 의대 소아과 교수들은 어린이들에게 읽는 즐거움을 주기 위해 1989년 '책을 향해 손을 뻗는 사람들(Reach Out and Read)'이라는 시민 단체를 만들었다. 이 단체는 동네 소아과 개업의들과 힘을 합쳐 어린이 환자들에게 재미난 책을 한 권씩 주면서 "부모가 아이를 무릎에 앉혀 놓고 소리 내어 읽어 주라."고 '처방'했다. 그리고 2001년 이러한 처방을 받은 아이들과 그렇지 않은 아이들을 비교해 본 결과, 책 처방을 받은 아이들이 듣기·읽기·말하기·쓰기 시험에서 월등히 높은 점수를 받았다. 책 읽어 주기가 아픈 아이들을 치료해 주는 것은 물론 읽기능력도 높여 준 것이다.

책 읽어 주기는 달리 말해 스토리텔링(storytelling, 상대방에게 알리고자 하는 바를 재미있고 생생한 이야기로 설득력 있게 전달하는 행위)이라고 할 수 있다. 요즘 아이들은 시각적 정보에 지나치게 노출되어 스토리텔링을 듣는 기회가 많이 사라졌다. 할머니 무릎을 베고 옛날이야기에 빠져들던 추억이 아이들에게는 없는 것이다. 화려한 영상 정보에 길들여진 아이들은 집중해서 들어야 하는 스토리텔링에 금방 싫증낸다.

따라서 아이들에게 책을 읽어 줄 때는 요령이 필요하다. 아이가 집중해서 들을 수 있도록 강약을 조절하여 읽어 주거나, 대화 장면에서는 인물들이 진짜 대화를 하듯이 감정을 실어 읽어 준다. 문장이 길면 짧게 끊어서 읽어 주고 적절한 몸짓이나 손짓을 사용하는 것도 좋다. 이를 부담스러워하는 부모들은 차라리 오디오를 들려주는 게 낫지 않느냐고 묻기도 한다. 하지만 읽어 주기는 교감의 시간이기도 한 만큼 부모의 목소리로 읽어 줘 아이에게 정서적인 안정감을 제공하는 것이 바람직하다. 동화 구연자들의 연기를 따라할 필요는 없다. 편안하고 자연스럽게 읽는 것이 가장 좋다.

다음은 아이에게 책을 읽어 줄 때 몇 가지 참조 사항들을 정리한 것이다.

또박또박 읽어 주세요

아이들은 부모의 발음을 들으며 자신도 그렇게 읽고자 한다. 그러므로 책을 읽어 줄 때는 정확한 발음으로 또박또박 읽어 주도록 한다. 억지로 꾸며서 연기하지 말고 평소 말투로 읽어 주어야 책읽기를 자연스럽게 받아들인다.

아이가 평소 좋아하지 않는 분야의 책을 읽어 주세요

독서 편식을 하는 아이라면 즐겨 읽지 않는 책을 선택한다. 평소 과학책만 보는 아이라면 옛이야기를 읽어 주거나 생활동화를 읽어 주어 이야기책에 친숙해질 수 있도록 하자.

● 아이의 읽기 수준보다 조금 어려운 책을 선택해도 좋아요

조금 어려운 책은 부모가 읽어 주며 설명을 덧붙일 수 있으므로 이해력과 사고력을 키우는 데 도움이 된다. 나아가 점차 아이 스스로 어려운 책을 읽는 데 두려움이 사라진다.

● 지식 전달이 아니라 아이와의 소통과 교감의 시간으로 활용하세요

지식을 전달해 주기 위한 목적으로 읽어 주기보다 아이와 소통하고 교감하는 시간으로 활용한다. 학교에서 친구들과 다투었던 일, 선생님에게 훈계를 들었던 일, 과제가 어려워 부담을 느꼈던 일들을 모두 털어 낼 수 있는 시간이 된다. 잠자리에서 아이들은 책을 읽어 주는 부모의 목소리를 들으며 행복하게 잠이 든다.

아이의 책을 버리지 마라

초등학교에 갓 입학한 성민이는 유치원 때와 다른 환경과 규칙에 부쩍 힘들어했다. 하루에 몇 시간씩 의자에 앉아 수업을 받고, 한 글자도 빠뜨리지 않고 알림장을 적기 위해 선생님 말씀에 귀 기울이고, 낯선 환경에서 새로운 친구들을 사귀어야 하니 많이 벅찼던 것이다.

그런데 한 가지 특이한 점은 학교에 입학한 뒤로 집에 돌아오면 예전에 엄마가 읽어 줬던 그림책을 보는 일이 부쩍 늘어난 것이다. 한번은 15권이나 되는 그림책을 꼼짝하지 않고 내리 읽은 뒤 몸을 펴며 "아, 시원하다."고 소리쳤다. 이후로도 학교에서 힘든 일이 있거나 친구와 갈등이 생겼을 때면 그림책을 보면서 휴식을 취하는 모습을 보였다.

아이들에게서 종종 이런 모습을 볼 수 있는데, 이는 엄마가 읽어 주었던 그림책을 다시 읽으며 어릴 적에 느꼈던 행복감을 되살릴 수 있기 때문이다. 그림책을 읽어 줄 때 부모와 아이는 교감을 나누게 되는데, 이러한 따뜻한 감정은 내면에 잠재해 있다가 지치고 힘이 들 때 아이의 마음을 치유해 주는 힘이 된다. 엄마가 자주 읽어 주던 그림책을 다시 꺼내 보는 성민이의 행동도 이러한 이유 때문이다.

그런데 대부분 가정에서는 아이가 어릴 적 보던 그림책을 남에게 주거나 사촌동생에게 물려주곤 한다. 중고 시장에서 동화책과 바꾸는 경우도 있다. 아이가 어렸을 때 읽어 주던 그림책은 버리거나 다른 사람에게 주지 않을 것을 당부하고 싶다.

이는 단순한 책이 아니라 아이의 친구이자 엄마가 준 사랑의 증표라고 할 수 있다. 부득이하게 그림책을 처분해야 한다면 아이와 충분하게 상의한 뒤 결정하기를 바란다. 아이가 특별히 좋아하는 책은 아이 방 책꽂이에 그대로 꽂아 두는 게 좋다.

엄마와 즐겨 읽었던 그림책이 아니더라도 그림책의 주인공은 때때로 아이에게 좋은 친구가 된다. 책을 읽으며 아이는 주인공의 마음을 헤아려 보기도 하고, 또 주인공의 친구가 되어 문제를 함께 해결하기도 한다.

그림책이 상상 속 친구가 되는 이야기로 『멋진 뼈다귀』(비룡소)가 있다. 이 책은 꼬마 돼지 펄이 숲에서 작은 뼈다귀를 만나 친구가 되는 내용으로, 집으로 가는 도중 뼈다귀의 도움으로 강도를 물리치기도 하고, 여우를 골탕 먹이기도 하면서 둘은 소중한 친구가 되어 간다. 이 책을 읽는 아이들도 어느새 그림책 속의 뼈다귀와 친구가 된다. 이 외에도 『푸른 개』(파랑새어린이),

『바바빠빠』(시공주니어) 등이 있다.

또 특정 물건에 집착하는 아이들이 있는데, 『가장 사랑받는 곰 인형』(별숲)은 남들이 보기에는 낡고 보잘것없는 물건이지만 그 안에 생명을 불어 넣어 친구로 여기는 아이들의 심정을 잘 묘사한 이야기로 공감을 자아낸다.

아이의 정서에 도움이 되는 책을 고를 때 가장 중요한 것은 아이들의 정서와 심리를 잘 반영한 책인가 하는 점이다. 주로 부모에게 사랑받고 싶은 심리가 잘 표현된 내용, 형제 및 또래와의 우애나 우정을 다룬 내용, 『비 오는 날의 소풍』(시공주니어)에 등장하는 에르네스트 아저씨처럼 아이의 마음을 충분히 이해해 주고 기댈 수 있는 등장인물이 나오는 내용, 『오스카만 야단 맞아!』(베틀북)에 나오는, 집 안에 문제가 생기기만 하면 늘 혼이 나는 오스카처럼 아이의 마음을 대변해 주어 속이 후련해지는 내용이 이에 해당한다.

특히 이제 막 학교에 들어간 아이들은 모든 것을 평가하는 분위기에 심한 스트레스를 받는 경우가 많은데, 자칫 남보다 못한다는 열등감에 빠지지 않도록 『일등이 아니라도 괜찮아!』(푸른숲주니어)와 같은 책을 권해 주는 것도 좋다. 『작은 집 이야기』(시공주니어)처럼 아름다운 그림과 잔잔한 이야기는 마음을 편안하게 해준다.

이 밖에 실컷 웃거나 울게 하는 책도 아이의 정서에 매우 좋다. 『치과 의사 드소토 선생님』(비룡소)을 읽다 보면 잔머리의 귀재인 여우를 골탕 먹이는 드소토 선생님의 지혜 때문에 배꼽을 잡고 웃게 된다. 반면 몽골의 전통 악기 마두금에 얽힌 슬픈 전설을 담고 있는 『수호의 하얀 말』(한림출판사)은 가슴 뭉클하지만 아름다운 사랑 이야기를 들려준다.

그림책은 아이들에게 때로는 친구가 되어 주고, 때로는 해결사가 되어 주고, 때로는 위로가 되어 준다. 이러한 책을 내다 버리는 것은 너무나 안타까운 일이다.

아이에게 〈양치기 소년〉을 읽히면 안 되는 이유

　　　　　　　　인성이 좋은 사람은 늘 긍정 에너지가 넘쳐 흐르고 그를 따르는 사람도 많기 때문에 어떤 어려운 일이 닥쳐도 해결하기 쉽다. 인성이 훌륭한 사람이 성공할 확률이 높은 것도 이 때문이다.

　　인성은 도덕성에서 비롯되는데, 도덕 교육은 사회성이 발달하는 시기인 만 4세경부터 이루어져야 한다. 도덕성과 사회성은 서로 밀접한 관련이 있기 때문이다. 도덕성이란 다른 사람과의 관계에서 지켜야 할 일종의 약속과도 같아서 사회성과 따로 떼어 놓고 생각할 수 없다. 따라서 도덕성이 높은 사람은 사회성도 좋다.

　　종합적인 사고 기능과 도덕성을 담당하는 전두엽은 만 3세 이후 발달하기 시작하여 만 6세 전후로 80% 정도가 발달한다. 이때를 놓치면 인성 발달에 문제가 생길 수 있다. 즉 초등학교 1학년은 인성 교육의 적기다.

인성 교육의 최고 모델은 부모다. 그만큼 부모의 행동이나 가르침은 아이의 인성 교육에 절대적인 영향을 끼치게 된다. 승연이가 그런 경우였다.

책을 읽지 않는 것보다 친구와 어울리지 못하는 문제가 더 컸던 고학년 승연이와 상담을 하는 도중 승연이가 지금까지 설거지나 빨래를 해본 적이 없다는 것을 알게 되었다. "그럼 네 실내화는 누가 빨고 네 방 청소는 누가 하니?" 하고 물었다. 그러자 "당연히 엄마가 하죠." 하고 맹랑하게 답했다. 심지어 엄마는 하는 일도 없으면서 자기 옷을 제때 빨아 놓지 않아 학교에 다른 옷을 입고 가야 했다며 투덜거리는 등 엄마를 존중하고 배려하는 마음을 눈꼽 만큼도 찾아볼 수 없었다.

엄마와 이야기를 해보니 그 이유를 확실히 알 수 있었다. "아이가 청소하는 게 얼마나 깨끗하겠어요. 설거지는 제가 하면 되고, 차라리 그 시간에 공부를 하는 게 낫지요." 하고 대수롭지 않게 말하는 승연이 엄마를 보면서 아이만을 탓할 일이 아니라는 생각이 들었다. 공주처럼 떠받들어 주는 엄마로 인해 다른 사람을 배려하고 희생하는 마음을 배우지 못한 승연이는 친구 관계가 좋을 수 없었다.

아이의 인성 교육을 위해서는 부모의 태도가 무엇보다 중요하지만, 초등학교 1학년 아이들은 '우화'나 '옛이야기'를 통해서도 인성 교육을 할 수 있다. 동식물을 의인화한 우화와 사실 확인이 불가능한 신화, 민담, 전설과 같은 옛이야기는 상상력이 발달하는 이 시기 아이들의 호기심을 자극한다. 또 권선징악의 내용을 짧고 재미있는 이야기로 엮어 놓아 자연스럽게 옳고 그름을 깨닫게 한다. 이 시기 아이들은 상벌에 대한 효과가 강해 선과 악의 대립에서 선이 이기는 내용은 도덕성 교육에 대단히 효과적이다.

그런데 이때 주의해야 할 것이 있다. 거짓말을 하면 안 된다는 의미를 가르치기 위해 많은 부모가 〈양치기 소년〉과 같은 책을 읽히는데, 아이의 잘못된 행동으로 야단을 맞거나 벌을 받게 되는 내용은 아이에게 두려움을 주게 된다. 그래서 거짓말을 하는 행동이 개선되는 것이 아니라 오히려 거짓말을 한 사실까지도 숨기게 만든다.

반대로 〈조지 워싱턴과 벚나무 이야기〉처럼 미국의 초대 대통령 워싱턴이 어렸을 때 아버지가 아끼는 나무를 잘라 버린 후 이를 사실대로 실토하여 용서받은 이야기나 〈금도끼 은도끼〉처럼 사실을 말해 자신의 도끼는 물론 금도끼, 은도끼까지 모두 갖게 된 이야기는 정직의 대가로 긍정적인 보상을 받은 경우다. 아이들은 이런 이야기를 통해 '거짓말과 정직'에 관한 긍정적이고 올바른 생각을 가지게 된다.

옛이야기책을 고를 때는 몇 가지 사항에 유의해야 한다. 옛이야기의 특징은 입에서 입으로 전해 내려온 이야기라는 점이다. 따라서 옛이야기책을 고를 때는 이야기를 재미있게 들려줄 수 있는 책인지에 중점을 둬서 살펴야 한다. 예를 들어 긴 서술형 문체보다는 단문의 대화체가 좋고, 인물이나 배경 설명보다는 사건 중심으로 빠르게 전개되는 이야기가 재미와 집중력을 높여 준다. 또 교훈을 너무 직접적으로 제시해 주는 이야기보다는 간접적으로 드러나는 이야기 중에서 고르도록 한다.

권선징악을 배울 수 있는 책

『똥벼락』(사계절)은 지나친 욕심으로 부지런한 돌쇠 부자를 곤란하게 만든

김부자가 결국 똥무더기에 파묻히는 이야기를 친근한 동양화와 함께 소개한 책으로 과욕이 불러온 벌에 대해 생각하게 한다.

『빨간 부채 파란 부채』(시공주니어)는 가난하지만 부지런했던 나무꾼이 우연히 빨간 부채와 파란 부채를 주운 뒤 부채를 써서 큰 부자가 되었다. 이후 일도 하지 않고 놀고먹다가 옥황상제에게 벌을 받는 이야기다. 지나치게 욕심 부리지 말아야 함을 일깨워 준다.

『저승에 있는 곳간』(한림출판사)은 남에게 베풀고 살면 저승에 가서 풍족하게 산다는 이야기로, 욕심이 지나친 사람에게 따끔한 충고를 주는 내용이다. 나중 일을 생각하여 나누며 살아야 한다는 교훈을 담고 있다.

● 효도의 마음을 일깨워 주는 책

『나무꾼과 호랑이 형님』(한림출판사)은 홀어머니를 모시고 사는 나무꾼이 산에서 호랑이를 만나게 된다. 위기를 모면하기 위해 순간 나무꾼은 호랑이에게 절을 하며 형님이라고 하고, 그 말을 믿은 호랑이는 매일 어머니를 위해 산짐승을 잡아 준다는 이야기다. 미물인 호랑이조차도 자신의 어머니를 위해 지극정성을 다하는 모습을 통해 효를 일깨워 준다.

『소원 들어주는 호랑이 바위』(국민서관)는 소원을 들어주는 호랑이 바위에 얽힌 이야기로, 게으른 아들이 효자가 되어 가는 모습을 담고 있다. 책을 읽으며 스스로 깨우치게 할 뿐 효를 강요하지는 않는다.

● 근면에 대해 배울 수 있는 책

『소가 된 게으름뱅이』(비룡소)는 소머리탈을 쓰면 일하지 않고 편하게 살 수 있다는 말을 듣고 주인공이 소머리탈을 쓰면서 벌어지는 이야기다. 스스로 땀 흘려 일하는 삶이 얼마나 소중한지 깨닫게 한다.

〈개미와 베짱이〉는 한 여름 열심히 일을 하는 개미와 놀기만 하는 베짱이를 통해 유비무환의 필요성을 알려주는 우화다.

🍀 배려에 대해 배울 수 있는 책

『나귀 방귀』(보리)는 무거운 짐을 나귀에 실어 달라는 청을 거절한 사람이 후에 나귀 방귀로 크게 다친다는 우스운 이야기다. 남을 배려할 줄 아는 마음을 배울 수 있다.

『복 타러 간 총각』(보림)은 복을 얻기 위해 서천서역국으로 떠난 부지런하고 착하지만 가난한 총각이 남의 어려운 처지를 지나치지 못하고 먼저 배려해 주다 결국 복을 받게 된다는 이야기다. 복은 베푸는 자에게 돌아온다는 진리를 일깨워 준다.

『황소와 도깨비』(다림)는 이상의 유일한 동화 작품이다. 어려움에 처한 도깨비를 도와주어 복을 받게 된 이야기로 다른 사람을 도와주는 일이 결국은 자신을 위한 일임을 알게 해준다.

당장 가르치려 하지 마라

부모가 아이에게 독서 지도를 할 때 가장 많이 하는 실수가 바로 아이에게 교훈을 강요하는 행동이다. 예를 들어 아이에게 『소가 된 게으름뱅이』를 읽어 준 뒤 부모는 "이것 봐. 게으름 피우다가 소가 됐지? 앞으로 부지런하게 행동해야겠지?" 하며 애정 어린 강요를 하는 것이다.

하지만 이 방법은 아무 효과가 없다. 아이 스스로 깨닫게 해야 한다. 가장 좋은 지도법은 이야기를 들려주면서 사이사이 어떤 느낌이 들었는지 슬쩍 물어보며 생각을 유도하는 것이다. 다음 예시를 통해 어떤 식으로 이야기를 들려주며 이야기를 주고받으면 되는지 알아보자.

스스로 깨우치는, 옛이야기 들려주는 법

다음은 옛이야기를 들려주는 엄마와 아이의 대화를 그대로 소개한 것이다.

옛날에 늦도록 아이 하나 없이 살던 어머니가 매일매일 기도를 한 끝에 아들을 하나 낳았어. 어머니는 그 아들을 극진히 키웠지. 아들이 어떤 일을 해도 늘 "잘했어. 암 잘했고말고."했어.
친구를 사귀게 된 아들은 친구가 가진 것에 탐을 냈단다. 그러고는 친구의 집에 놀러 갈 때마다 물건을 하나씩 집으로 가져왔어.

아이 : "친구 것이 탐난다고 가져왔대요?"
엄마 : "응. 그런가 봐."
아이 : "엄마한테 야단맞았겠네요."
엄마 : "글쎄. 잘 들어 봐."

그럴 때마다 어머니는 "잘했어. 암 잘했고말고."라고 했어. 아들은 자기가 정말 잘하는 줄 알고, 계속해서 친구 물건을 몰래 하나씩 가져왔단다. 아들이 어떤 물건을 가져와도 어머니는 늘 "잘했어. 암 잘했고말고."라고 말했어.

아이 : "어, 왜 잘했다고 해요?"
엄마 : "그러게. 왜 어머니는 잘했다고만 했을까?"
아이 : "그럼 안 되잖아요."

엄마 : "그러면 어머니는 어떻게 해야 했을까? 어떻게 됐는지 더 들어 볼래?"

아이 : "네."

아들이 자라 어른이 되어도 남의 물건을 가져오는 일은 계속됐단다. 그래도 어머니는 야단을 치지 않았어. 귀한 아들의 마음이 상할까 봐 노심초사할 뿐이었지.

어느 날 아들이 붙잡혔다는 소식을 듣고 신발도 신지 않은 채 달려 나간 어머니는 저 멀리서 밧줄에 꽁꽁 묶인 채 끌려오는 아들을 보게 되었어. 남의 물건을 하나씩 집으로 가져오던 아들은 어느새 도둑이 되었지. 물건을 훔치는 일에 죄책감을 느끼지 못한 아들은 점점 더 큰 물건을 훔치다 잡히게 된 거였어.

"어떻게 된 거니. 아이고, 내 귀한 아들아!" 하며 우는 어머니를 보자 아들은 아무 말 없이 어머니에게 귀를 대달라고 손짓을 했어. 어머니는 아들이 무슨 말을 하려나 보다 하고 아들 가까이에 귀를 갖다 댔지. 그러자 아들은 어머니의 귀를 꽉 물어 버렸단다.

"친구 집에서 물건을 가져왔을 때 왜 아무 말도 해주지 않았나요?" 하며 아들은 어머니를 원망했지.

아이 : "잡혀갈 줄 알았다니까요."

엄마 : "왜 그렇게 생각했어?"

아이 : "남의 물건을 훔치는 것은 나쁜 거니까요. 잡혀가지 않았다면 죽을

때까지 훔치면서 살았을걸요?"

엄마 : "아, 그렇구나."

어떤 사람은 엄마가 너무 성의 없이 이야기를 들려주었다고 생각할 수도 있을 것이다. 이 이야기의 내용을 바탕으로 아들의 입장, 어머니의 입장에 대해 토의해 보거나 남의 물건을 탐내면 벌을 받는다는 점을 가르칠 수도 있을 것이다. 하지만 이 엄마는 아이의 질문에 답을 주지 않고 이야기를 계속 들려주었다. 사이사이 몇 가지 질문을 던질 뿐이다. 아이는 의문이 해결되면 다음 장면을 궁금해하지 않는다. 묵묵히 이야기를 들려줌으로써 엄마는 아이 스스로 생각할 여지를 준 것이다. 일방적인 가르침은 금방 잊을 뿐더러 비슷한 패턴이 반복되면 결국 잔소리로 여기게 된다. 내용을 잘 기억했는지 일일이 묻지 말아야 한다. 어떤 느낌이 들었는지, 네가 주인공이라면 어떻게 했을지 등을 묻는 정도로 끝내야 한다.

만약 어른이 이 이야기를 들었다면 식상해하며 이야기가 끝나기도 전에 아들이 어떻게 될지 결론 내리기에 바빴을 것이다. 하지만 아이들은 이야기를 듣는 내내 눈앞에 마치 드라마와 같은 영상이 펼쳐지고 주인공이 앞으로 어떻게 될지 궁금하기만 하다.

옛이야기는 부모가 읽어 주었을 때 더욱 재미있어지는데, 이때 다음 장면이 궁금하지 않으면 따분해진다. 이야기가 가진 힘이 아이들을 기대하게도 만들지만, 들려주는 사람의 능력이기도 하다.

어릴 적 들은 이야기는 가치관 형성에 큰 영향을 끼치는데, 이렇게 형성된 가치관은 성인이 되어 무언가를 선택하거나 문제를 해결해야 할 때 순간

순간의 판단을 좌우한다.

옛이야기책을 읽은 뒤에는 즉석 역할극을 해보면 좋다. 잔뜩 쌓아 놓은 이불을 산이라고 설정하거나 줄을 그어 놓고 이쪽은 이승, 저쪽은 저승이라고 표시하는 등 집 물건을 활용해 자유롭게 상황과 무대를 설정하고 아이와 역할극을 하는 것이다. 이때 등장인물이나 사건을 조금씩 바꿔도 무방하다. 아이들은 무한한 상상력을 발휘하여 이야기를 아주 흥미롭게 이끌어 나간다.

『팥죽 할멈과 호랑이』(보림)는 극놀이 하기 아주 좋은 이야기다. 부모와 아이, 혹은 또래 아이들은 서로 할멈도 되어 보고, 호랑이도 되어 보고, 멍석이나 밤송이가 되어 볼 수도 있다. 호랑이를 싼 멍석을 강물에 냅다 던지는 장면에서는 아이들의 웃음소리가 끊이지 않을 것이다. 이렇게 즐겁게 책을 읽은 경험은 다른 책도 읽고 싶다는 동기를 유발하기도 한다.

이 밖에도 『똥벼락』, 『아씨방 일곱동무』, 『무지개 물고기』(시공주니어), 『강아지똥』(길벗어린이), 『곰 사냥을 떠나자』(시공주니어) 등의 책은 극놀이를 하며 읽기 좋다.

구체어로 읽기능력을 향상시켜라

어휘력은 읽기능력을 좌우한다. 어휘력은 이해력과 직결될 뿐 아니라 지식을 얼마나 머릿속에 저장할 수 있느냐를 결정짓기도 한다. 이 시기에는 어휘량이 급증하는데, 특히 문법적인 규칙이나 맥락을 통하지 않아도 즉시 이해하는 어휘를 많이 가지게 된다. 어휘량이 급증했다 할지라도 1학년은 아직 모든 글을 유창하게 읽지 못한다. 이제 소리와 글자와의 관계를 인식하는 수준이다. 이전과 달리 학교라는 넓은 환경에서 추측을 통해 소리와 뜻이 있는 글자를 연결하며 더 많은 양의 어휘를 자기 것으로 만들어 간다. 습득한 언어를 활용해 볼 기회가 많아지는 만큼 어휘력이 쑥쑥 향상된다. 다만 이제까지 읽기 경험이 쌓인 아이와 그렇지 못한 아이의 어휘량은 차이가 크다.

1학년 아이에게는 구체어를 중점으로 가르쳐야 한다. 구체어란 나무, 꽃, 책상처럼 감각 기관으로 만지거나 볼 수 있는 대상을 일컫는 말이다. 행복, 사상, 평화처럼 실체가 없이 어떤 대상의 특성을 의미하는 추상어는 경험이 적은 저학년들이 이해하기 쉽지 않다. 구체어를 습득시키는 가장 좋은 방법은 그림책처럼 다양한 시각 자료를 활용하는 것이다.

　구체어를 많이 알고 있으면 문맥상의 흐름을 통해 추상적인 말의 의미도 대략적으로 파악할 수 있다. 구체어와 추상어는 종종 함께 쓰이기 때문에 추상어의 뜻을 잘 모르더라도 정확한 뜻을 알고 있는 구체어와 함께 문장 안에서 자연스럽게 이해할 수 있다. 말하자면 "냉장고 위에 있는 과자를 꺼내는 데는 나보다 키가 큰 언니가 훨씬 유리하다."라는 문장 안에서 '냉장고, 과자'와 같은 구체어는 바로 알 수 있지만 '유리하다'와 같은 추상어는 쉽게 알 수 없다. 그런데 보통 언니가 동생보다 키가 크기 때문에 높은 곳에 있는 물건을 잘 꺼낸다는 사실을 통해 '유리하다'라는 의미를 추측해 낼 수 있다.

경험을 통해 터득하는 시기, 사전을 멀리하라

　아이에게 어떻게 어휘를 지도하고 있는지 물으면 많은 사람이 사전을 찾아 읽게 하거나 아이가 물을 때마다 일일이 답변해 준다고 한다. 책을 읽다가 모르는 단어가 나오면 아이는 그 문장을 전혀 이해하지 못한다. 사전적 단어의 뜻을 알게 된다고 해도 그 단어를 자기 것으로 만들어 활용해 본 적이 없기 때문에 그 문장을 이해하지 못하는 것은 마찬가지다. 따라서 이 시기 아이들에게 사전을 활용하는 어휘 학습은 효과적이지 않다. 어휘량이 풍부하지 못한 아이에게는 사전의 뜻이 더 어렵기 때문이다.

무엇이든지 경험을 통해 터득하는 시기인 만큼 알려 주고자 하는 단어와 관련된 경험을 이야기해 보거나 다른 말로 바꿔 보거나 유의어와 반의어를 찾아보는 방법이 보다 효과적이다.

호기심과 상상력이 풍부한 1학년 아이들에게 『이 고쳐 선생과 이빨투성이 괴물』(시공주니어)은 아주 인기 있는 책이다. 유명한 치과 의사인 이 고쳐 선생이 이빨이 만 개나 되는 동물의 이를 치료해 달라는 부탁을 받고 펼쳐지는 이야기다. 책을 읽는 아이들은 이빨투성이 괴물을 보고 싶어 안달이 난 꼬마 리키와 하나가 되어 어느새 이 고쳐 선생을 응원하게 된다. 하지만 만약 아이가 '투성이'의 뜻을 모른다면 이빨투성이 괴물을 사람들이 왜 두려워하는지 이해하지 못할 것이다.

아이가 투성이의 의미를 모른다면, 설명을 해준 뒤 이빨투성이의 '이빨' 대신 다른 말을 넣어 보게 한다. 가령 '상처투성이', '진흙투성이', '먼지투성이'처럼 '투성이'가 들어가는 다른 말을 찾아보도록 한다. 그리고 넘어지고 부딪혀서 상처투성이가 된 적은 없는지 자신의 경험을 이야기해 보게 한다. 이러한 경험을 통해 아이는 투성이에 대해 완벽하게 이해하게 된다.

또 아이들이 재미있어하는 옛이야기 『냄새 맡은 값』(예림아이)은 구두쇠 영감의 국밥집 앞을 지나다 냄새를 맡았다는 이유로 돈을 지불하게 된 마음씩 착한 최 서방의 이야기다. 책 내용 중에 국밥 냄새를 맡았다는 이유로 돈을 내놓으라고 하자 '어처구니없어' 하는 장면이 나온다. 아이들은 어처구니없다의 의미를 어려워하는데, 냄새 맡은 값을 내야 하는지 먼저 이야기해 보면서 최 서방의 심정을 유추해 보게 한다. 그런 뒤 그렇게 유추한 심정을 바탕으로 '어처구니없다'를 다른 말로 바꿔 보게 한다. "말도 안 돼." "황당하네." "어이 없어." "어안이 벙벙." 등 알고 있는 말을 떠올려 보라고 한다. 만약 전혀 다른 의미의 단어를 대답한다면 그 말을 문장에 넣어 읽어 보게 한 뒤 아이 스스로 맞는지 틀리는지 확인해 보게 하면 된다. 문장 속에 직접 대입해 보면 자연스러운지 어색한지를 바로 알 수 있다.

아는 어휘라고 하더라도 자주 사용하지 않으면 잊어버리게 되므로, 평소 알고 있는 어휘도 자주 상기시켜 사용해 보게 하자. 적극적으로 일상 속에서 활용해 봄으로써 어휘의 다양한 쓰임을 터득하게 되는 효과가 있다.

● 어휘력을 향상시키는 책

입으로 말하고 귀로 듣기 좋은 노래나 작품이 어휘력 향상에 도움이 된다. 어휘력을 기르기 좋은 도서들로는 『개구쟁이 ㄱㄴㄷ』(사계절), 『호랭이 꼬랭이 말놀이』(길벗어린이), 『비가 톡톡톡』(주니어RHK), 『훨훨 간다』(국민서관), 『가자 가자 감나무』(창비)가 있다.

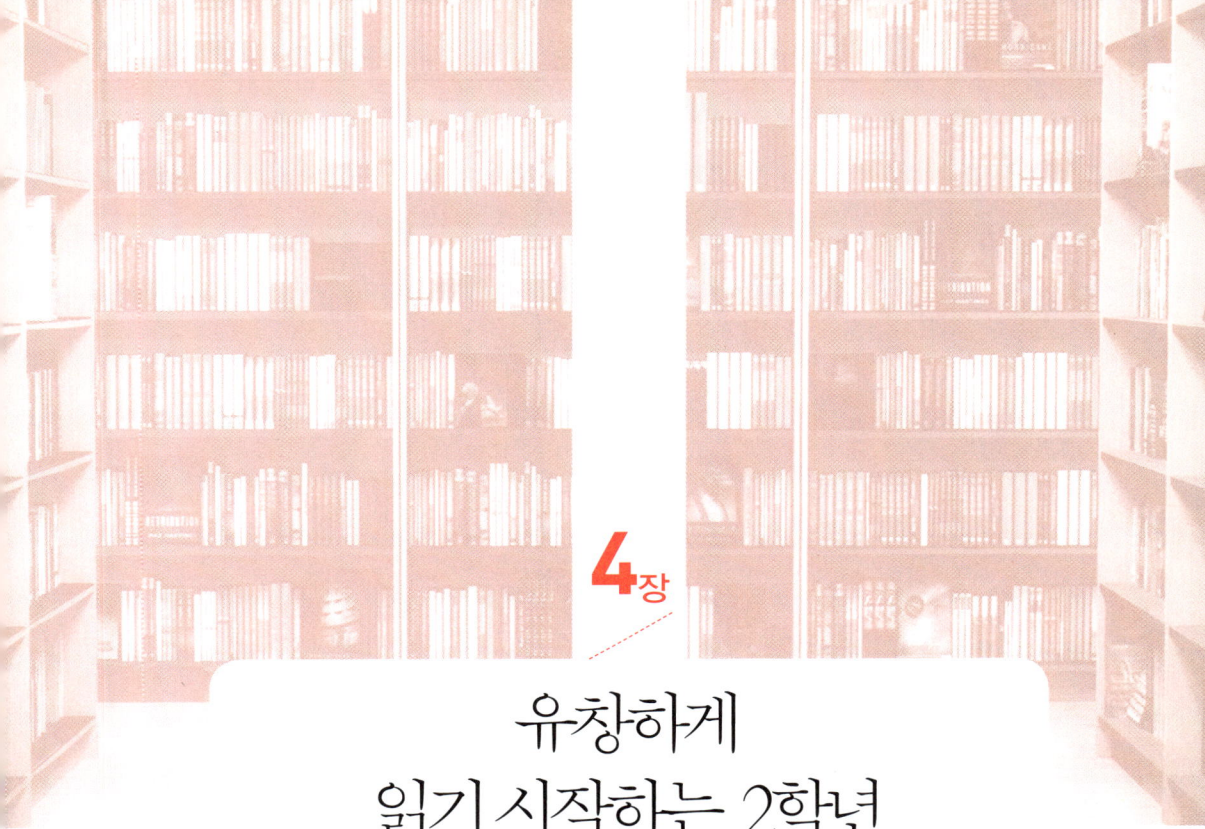

4장

유창하게
읽기 시작하는 2학년

흔히 저학년이라는 이유로 2학년은 대수롭지 않게 생각하는 경향이 있는데, 2학년은 어휘력과 사회성이 발달하고 책읽기가 안정되는 시기다. 이 시기를 어떻게 활용하느냐에 따라 아이의 독서 미래가 결정된다고 할 수 있다.

2학년 적기 독서법

책읽기가 안정되는 시기, 지적 호기심을 자극하라!

2학년은 읽기에 자신감이 생기면서
그림책 이외의 다른 도서에도 관심을 보이기 시작한다.
환상의 세계에서 벗어나 조금씩 현실 세계에 입문하는 시기이기도 한 만큼
주변 세상에 대한 관심과 호기심을 자극해
하나씩 알아 가는 재미를 선사해야 한다.

독서 습관을 완성해야 하는 시기

　　　　　　　　2학년은 보통 신체나 인지 발달 측면에서 1학년과 닮은 점이 많다 보니, 2학년만 따로 떼어 생각하기보다 1, 2학년을 한데 묶어 생각하려는 경향이 있다. 그러다 보니 흔히 저학년이라는 이유로 '아직은 못 해도, 아직은 덜 해도, 아직은 덜 발달해도' 괜찮다고 생각한다. 하지만 이제 막 읽고 쓰기를 훈련하기 시작한 1학년과 달리 2학년은 한층 어휘력이 발달하고 읽기가 안정된다. 즉 익숙한 내용이나 비교적 쉬운 읽기 자료는 능숙하게 읽고 이해할 수 있어서 점차 높은 단계의 독서로 옮겨 가는 시기다.

　능숙하게 글을 읽고 이해하는 아이들이 생기면서 조금씩 개인차가 보이기 시작하는 때이기도 하다. 읽기에 자신감이 생기다 보니 그림책에서 벗어나 조금씩 글자가 많은 책에 도전하는가 하면 도감, 잡지, 사전 등 다양한 읽을거리에 관심을 보인다. 부모는 아이가 균형 잡힌 독서를 할 수 있도록 책을 선정해 주는 한편 이 시기를 활용해 아이가 독서 습관을 확고히 다질 수 있도록 해야 한다. 또 아직은 지식정보책을 읽고 이해할 수 있는 읽기능력을 갖춘 것이 아니므로 그림책 위주의 읽기가 마땅하다. 이야기나 결말을 예측해 보는 읽기로 독서의 재미를 배가시켜 주는 것도 좋은 방법이다.

아이가 아직 책에 관심이 없어 보인다면 책이 아이의 발에 자주 치이도록 여기저기 놔두는 방법을 권하고 싶다. 책꽂이에 깔끔히 정리해 놓은 책은 아이에게 그저 침대나 장롱과 같은 '가구'일 뿐이다. 오고 가면서 아이의 관심을 끌 수 있도록 아이의 동선을 따라 책을 놓아두면 좋다. 지나가다 눈에 띄는 책 표지를 발견하게 되면 무심코 펼쳐 보게 된다. 이런 일이 반복되다 보면 자연스럽게 책과 친숙해진다.

집에 책을 둘 때는 장소의 특성을 고려하면 좋다. 화장실에는 과학 잡지처럼 호흡이 짧고 흥미 있는 내용의 책을, 거실에는 자투리 시간을 활용해 읽을 수 있는 사전이나 그림책, 단편집을 두면 좋다. 만만하게 읽을 수 있는 분량이라야 책이 읽고 싶어진다. 가장 많은 시간을 보내는 곳이자 차분히 시간을 보낼 수 있는 곳인 아이 방 책상이나 침대 옆에는 생각하며 읽을 수 있는 책과 아이가 좋아하는 책을 놓아둔다. 만약 책꽂이를 사려고 한다면, 아이의 눈높이를 고려하길 바란다. 이미 책꽂이가 있다면 아이의 시선이 닿는 곳에 아이 책을 꽂아 둬야 한다. 아이와 함께 때때로 책의 위치를 바꿔 보는 것도 좋다. "이런 책이 있었네?" "아, 이 책 진짜 재미있게 읽었는데." 하면서 집에 있는 책을 다시 살펴볼 수 있는 기회가 된다.

아이의 지적 호기심을 자극하고 충족시켜라

아이들은 조금씩 상상의 세계에서 벗어나 현실을 인식하고 합리적인 사고를 시작하려 한다. 물론 아주 초기 단계이지만 말이다. 이때 아이들은 형태가 변해도 양과 부피가 보존된다는 '보존성의 원리'를 조금씩 이해하게 된다. 예를 들어 같은 200ml의 물을 모양이 서로 다른 그릇에 넣었을 때 높이와 넓이가 달라져도 그 양은 똑같음을 인식하는 것이다. 물론 이를 완벽하게 이해하는 것은 아니며 여전히 환상의 시기에 머무르고 있다. 하지만 점차 단순한 호기심보다는 실제적인 이야기나 새로운 지식에 대한 관심을 보이기 시작한다. 세상에 가득한 지식을 다양한 방법으로 알려 주는 지식책으로 아이들의 지적 호기심을 채워 줄 때다.

환상 세계에서 벗어나 현실 세계에 입문하다

환상과 상상력의 세계에서 벗어나 조금씩 현실의 세계에 입문하는 아이들에게 정보와 지식을 소개해 주는 지식정보 그림책 읽기는 매우 유용하다.

지식정보 그림책은 지식과 정보를 전달해 주어 아이들의 호기심을 충족시킨다. "배고플 땐 왜 꼬르륵 소리가 날까?" "옛날 사람들은 어떻게 살았을까?"처럼 아이들의 호기심을 자극하며 다양한 정보를 제공하고 배경지식을 쌓아 줄 뿐 아니라 아이와 아이의 주변 세계에 대한 이해를 돕는다.

지식정보책이라고 하면 학습의 수단으로 생각하는 부모가 많은데, 이제 막 세상에 어떤 것들이 있고, 그것들의 특징이 무엇인지를 알아가기 시작할 때인 만큼 이러한 욕심은 내려놓아야 한다. 지식정보책을 고를 때는 많은 정보가 담겨 있는 책보다 그림이나 사진 등 다양한 시각적 자료를 활용해 아이의 시선에서 재미있게 소개하고 있는 책을 우선해야 한다. 내용이 정확해야 하는 것은 당연한 기본 조건이다.

또 아이가 흔히 접하고 볼 수 있는 주제의 책을 고르는 것이 좋다. 특히 저학년 아이들은 일상에서 쉽게 볼 수 있는 동물이나 식물을 소개하는 책이나, 외국보다는 우리나라의 지리와 문화에 대해 소개한 책들이 좋다. 특히 1학년 때도 권한 책이지만 『지렁이가 흙똥을 누었어』, 『꼼짝 마 호진아, 나 애벌레야!』(웅진주니어)처럼 하나의 동물을 자세하게 소개한 책들은 이 시기 아이들에게 좋은 읽기 자료다. 미술, 피아노, 태권도 등을 배우는 아이들도 많은 만큼, 아이가 배우고 있는 예체능과 관련한 책도 좋다.

🔴 2학년을 위한 지식정보 그림책

다음은 이 시기 아이들이 접해야 하는 주제들을 잘 보여 주고 있는 지식정보 그림책들이다. 지식정보 그림책들 중에는 시리즈가 많은데, 시리즈라고 해도 시각 자료나 어휘의 수준이 모두 같지 않기 때문에 시리즈 중에서 아이에게 맞는 도서를 선별해서 읽히는 안목이 필요하다.

『세밀화로 보는 사마귀 한살이』(길벗어린이), 『살아 있는 뼈』(아이세움), 『다 콩이야』(보리), 『애벌레가 들려주는 나비 이야기』(철수와영희), 『숨 쉬는 항아리』(보림), 『개구리가 알을 낳았어』(다섯수레), 『늦어도 괜찮아 막내 황조롱이야』(우리교육), 『안녕, 난 개미야』(바다출판사), 『데굴데굴 공을 밀어 봐』(웅진주니어), 『땅속 생물 이야기』(진선출판사), 『찾았다! 갯벌 친구들』(길벗어린이), 『더 높이 더 빨리』(천둥거인), 『나와 악기 박물관』(미래아이), 『사물놀이 이야기』(사계절), 『잘 먹겠습니다』(창비) 등을 권하고 싶다.

하나씩
알아 가는 재미를
느끼게 하라

지식정보 그림책은 호기심 덩어리인 아이들의 알고 자 하는 욕구를 충족시켜 부모의 수고를 덜어 준다. 다만 앞에서 말했듯이 학습 효과를 노려 지식정보 그림책을 접근해서는 안 된다. 이제 막 세상에 대해 호기심을 가지게 된 아이에게 지식을 주입하려고 하면 책과 멀어질 뿐 아니라 학습에 대한 흥미마저 사라지게 된다.

공부하려고 하는데 "공부해." 하는 말을 들으면 공부할 마음이 사라진다. 마찬가지로 지식정보 그림책을 보는 아이 옆에서 이때다 싶어 질문을 퍼붓고 더 자세히 알려 주기 위해 설명을 거듭하다 보면 아이는 당황하거나 부담을 느껴 지식정보 그림책을 피하게 된다.

간혹 아이가 보는 책에 지나칠 정도로 민감하게 반응하는 부모가 있다.

아이가 곤충을 주제로 한 책을 보면 "우리 아이가 곤충에 관심이 있나 봐. 곤충학자가 되고 싶은가?" 혹은 자동차나 기계에 관한 책을 보면 "공대 가려나 봐." 하며 앞서 나가 이 분야의 책을 잔뜩 권해 주는 것이다. 물론 아이가 보는 책을 통해 아이의 관심과 재능을 발견할 수 있다. 하지만 일시적인 관심에 불과할 수도 있는데 부모의 지나친 관심을 받은 아이는 심리적인 압박감을 느끼기 쉽다. 이 시기 아이들은 다양한 분야의 지식정보 그림책을 통해 하나씩 알아 가는 재미를 느끼게 하는 것이 중요하다.

지식정보 그림책을 읽힐 때 아이가 좋아하는 주제라면 별 도움 없이 아이 혼자 읽게 해도 충분하다. 단 식사할 때나 자동차를 타고 이동할 때처럼 일상생활 중에 자연스럽게 읽은 책 내용을 물어보거나 이야기를 나누도록 하자. 이때 아이에게 평가받는 듯한 인상을 심어 줘서는 안 된다.

아이가 관심을 갖고 흥미롭게 읽은 주제라면, 책을 읽은 뒤 어떤 호기심이나 궁금증이 풀렸는지 묻는다거나, 다 읽은 뒤 엄마에게 알려 주고 싶은 부분을 골라 설명해 달라고 하는 것도 좋다. 자신이 읽은 내용을 즐겁게 이야기하면서 책에서 얻은 정보를 다시 한번 정리할 수 있고 읽은 내용을 오래 기억할 수 있다. 또 좀 더 전문적인 책을 함께 읽히는 것도 좋다. 관심 분야의 책은 보다 깊고 자세히 소개한 내용도 흥미로워한다.

반면 아이가 관심 없어 하는 주제라면, 많은 책을 읽히려고 욕심 내기보다 한 권의 책이라도 재미있게 볼 수 있도록 해야 한다. 이때 부모가 글보다는 그림 위주로 아이의 눈높이에 맞춰 대화하듯 설명해 주는 것이 좋다.

"개구리 종류가 참 많네. 얼마나 되는지 헤아려 볼래?"

"청개구리는 다른 개구리와 달리 발바닥이 특이하게 생긴 것 같은데, 어떻게 다른지 비교해 볼래?" 하는 식으로 관찰을 유도하거나 새로운 정보에 대한 호기심을 유발해야 한다.

지식정보 그림책을 읽은 뒤 아이에게 책을 읽은 뒤 깨달은 점이 무엇인지 설명하게 하는 것도 좋은 방법이다. 예를 들어 아이가 "책을 읽기 전에는 우리나라에 개구리 종류가 그렇게 많은지 몰랐는데, 이 책을 읽고 나니 개구리 종류가 많다는 것을 알았다. 또 참개구리랑 황소개구리의 크기가 그렇게 많이 차이 난다는 것을 처음 알았다. 엄청 큰 황소개구리가 참개구리를 잡아먹고 있으니 황소개구리를 몰아내야겠다는 생각을 했다."고 대답하면 책 내용을 잘 소화했다는 의미다.

학습 만화에 무슨 문제가 있는 걸까?

"학습 만화를 너무 좋아해요. 어떻게 하죠?"
"일반 책 두 권을 읽어야 학습 만화 한 권을 보여 주고 있는데 잘하고 있는 걸까요?"

종종 만화 때문에 아이와 실랑이를 벌인다는 부모를 만난다. 가정에서 일반적으로 벌어지는 장면이 아닌가 싶다. 부모의 이야기를 듣다 보면 만화가 아이들 성장에 악영향을 끼치는 콘텐츠라는 생각마저 든다. 만화를 보는 횟수를 강압적으로 제한하고, 조건을 내걸어 찔끔찔끔 보여 줄 생각이라면 학습 만화책을 아예 사주지 말지 무슨 심보란 말인가.

그런데 학습 만화는 정말 읽히면 안 되는 것일까? 만화는 사물이나 현상, 인물의 특징을 과장하거나 생략하여 독자에게 재미와 감동을 준다. 코믹 요소를 곁들어 글만이 아니라 그림을 통해 내용을 재미있게 전달해 주기 때문에 책읽기가 힘든 아이도 쉽게 읽을 수 있다. 이러한 만화의 형식과 장점을 빌려 과학, 역사, 사회 등의 지식과 정보를 전달해 주는 것이 학습 만화다. 〈새로 만든 먼 나라 이웃나라〉 시리즈(김영사), 〈서바이벌 만화 과학상식〉 시리즈(아이세움), 〈마법 천자문〉 시리즈(아울북), 〈Why?〉 시리즈(예림당), 〈한국사탐험 만화 역사 상식〉 시리즈(아이세움) 등이 그러한 책들이다.

〈새로 만든 먼 나라 이웃나라〉는 〈먼 나라 이웃나라〉 개정판이다. 각 나라의 다양한 역사와 문화에 대해 재미있게 배울 수 있는 시리즈로 스테디셀러로서 그 내용 면에서도 많은 인정을 받고 있다. 〈마법 천자문〉은 활자보다 이미지에 강한 영상 세대의 눈높이에 맞춰 손오공이 한자 부적을 사용하여 적을 물리쳐 나가는 내용을 담고 있다. "물 수!"를 외치면 물이 쏟아지고, "바람 풍!"을 외치면 바람이 부는 등 무기와 한자를 결합하여 '한자 이미지 학습법'을 만들어 냄으로써 아이들이 한자를 재미있게 배울 수 있도록 하였다.

이처럼 어려운 내용을 쉽고 재미있게 볼 수 있다는 게 학습 만화의 엄청난 장점이다. 가령 배경지식이 없는 상태에서 '인체의 구조'를 지식책으로 보게 된다면 한 장도 제대로 읽기 힘들 것이다. 하지만 학습 만화는 스토리를 가미하여 지식을 쉽게 이해할 수 있도록 돕는다. 역사는 많은 배경지식을 요구하며 학습량이 엄청나 아이들이 힘들어하는 과목이다. 이러한 아이들에게 역사 학습 만화는 전체의 역사 흐름을 파악하게 하여 향후 역사를 공부하는 데 기초 지식을 제공해 준다.

문제는 아이들이 일반 도서는 멀리하고 학습 만화만 보려고 하며 거기에 담겨 있는 정보보다 만화적인 재미(스토리)에 더욱 치중한다는 것이다. 만화를 통해 아이의 지적 호기심을 모두 채워 주기란 힘들다. 흥미와 감동, 재미와 관심을 갖게 하는 데는 효율적이지만 좀 더 폭넓고 깊이 있는 학습을 하는 데는 분명히 한계가 있다. 또 짧은 글과 이미지로만 이루어진 학습 만화에 익숙해질 경우 눈으로 대강 훑고 넘기는 습관이 생겨 긴 줄글로 된 책을 읽는 능력과 인내심을 기르지 못하게 된다.

특히 자극에 약한 아이들은 학습 만화에 쉽게 빠져들어 다른 책은 보지 않고 만화만 보려고 하는 등 독서 불균형을 초래한다.

하지만 이러한 문제들 때문에 학습 만화가 가진 장점을 포기하는 건 너무 아깝다. 잠깐의 요령을 통해 학습 만화가 가진 장점을 취하면서도 단점을 극복할 수 있다. 학습 만화를 통해 그 분야에 대한 관심을 키우고 전체적인 내용을 파악했다면 그다음에는 지식정보 그림책이나 백과사전으로 학습 만화에서 다루지 않은 부분을 접할 수 있도록 돕는 것이다. 또 학습 만화를 읽은 뒤 전체 내용을 요약하고 정리해 보거나, 책에 나온 등장인물의 관계를 정리해 보는 등 독후감을 쓰게 하자. 학습 만화는 지식, 정보를 전달해 주는 만큼 새롭게 알게 된 사실이나 궁금한 점을 적도록 유도하는 것도 좋은 방법이다.

사회성은 학습을 통해 발달한다

　　　　　　초등학교 1학년과 2학년은 같은 저학년이지만 많이 다르다. 특히 갓 입학한 1학년과 2학년은 현저한 차이를 보인다. 학교생활 1년을 무리 없이 마치고 2학년이 된 아이들은 비교적 안정된 상태에서 학교생활을 하며 많은 에너지를 친구를 사귀는 데 쓴다. 선생님의 권위가 절대적인 영향을 끼쳤던 1학년과는 달리 또래의 말에 상처를 받기도 하고 위로를 받기도 한다. 다른 사람과 똑같이 생각하고 행동해야 한다고 여겨 친구나 부모의 행동을 모방하는 모습을 보이고 차별에 민감하게 반응한다.

　서서히 타인의 관점을 이해하게 되지만 아직은 사회화가 미숙하여 다른 사람을 배려하는 것이 자연스럽지 못하다. 하지만 착하고, 바른 행동을 하고자 하는 의지는 강하다.

사회성은 저절로 습득된다고 여기는 부모가 많은데, 사회성 역시 학습을 통해 발달시켜야 하는 능력이다. 특히 사회성은 가족이나 또래와의 관계 속에서 자신의 역할과 책임을 인식하고 사회 규칙을 터득해 가며 발달한다. 즉 다른 사람과 어울리면서 자신의 행동을 조절하거나 통제하는 힘을 배워 나가는 것이다. 소위 사회성이 좋은 사람은 대인관계가 원만하다. 이러한 아이들은 친화력이 좋고 환경에 대한 적응력이 뛰어나 긍정적이고 협동적인 사람으로 자라게 된다.

남에게는 엄격하고 자신에게는 관대한 아이들

등하굣길이나 쉬는 시간에 주로 어울리는 친구가 생기기 시작한다. 자연스럽게 친구 사이에서 통솔력을 발휘하는 아이가 등장한다. 이 시기 아이들은 경쟁 의식이 높아져 거짓으로라도 남을 이기고 싶어한다. 자신의 영향력을 과시하고 자신이 알고 있는 것을 남에게 알리고 싶어하는 마음이 앞서기 때문이다. 이러한 심리가 긍정적으로 해소될 수 있도록 낱말풀이, 수수께끼와 같은 퀴즈를 통해 선의의 경쟁을 할 수 있는 기회를 자주 제공해 주는 것이 좋다.

규칙에 예민하여 놀이를 하다 어느 한 명이 규칙을 위반하면 싸움이 벌어지기도 하며 심한 경우에는 같이 놀지 않으려고 한다. 이처럼 규칙을 지키지 않은 사람에게는 강력하게 대응하고 처벌하려 하지만 본인이 규칙을 어겼을 때는 아주 관대한다. 자신의 행동을 합리화하는 것이 습관이 되지 않도록 생활동화를 읽혀 아이가 자신의 행동을 객관적으로 인식하고 잘잘못을 깨우칠 수 있도록 도와야 한다. 하지만 한꺼번에 너무 많은 규칙을 강요하는 과욕은 삼가야 한다. 아이가 상황에 맞는 규칙 즉 가정이나 학교에서 지켜야 할 규칙을 하나씩 익히고 잘 지켜 나갈 수 있도록 살펴 주고 격려해 주어야 한다. 무엇보다도 규칙을 만들고 지켜야 하는 이유를 구체적으로 설명해 주는 것이 중요하다. 또 부모가 규칙을 잘 지키는 모습을 보여 자연스럽게 바른 습관을 가질 수 있도록 해야 한다.

이 시기의 아이들은 자신이 무언가 잘한다고 느낄 때 대단한 자부심을 가지고 자랑하는 경향이 있다. 그런 반면에 심부름을 잘못하거나 길을 잃는 등의 아주 사소한 실패에도 세상을 잃은 것처럼 풀이 죽는다. 따라서 아이 수준에 맞는 활동으로 자신감을 키워 주고 도전 과제를 조금씩 높여 주어 문제 해결력을 키워 줘야 한다. 요리를 할 때 아이를 참여시켜 보자. 요리의 과정을 직접 눈으로 볼 수 있고 이후 결과물을 손수 접시에 담으면서 성취감과 자신감을 느낄 수 있어 아주 좋다. 함께 만든 음식을 먹으며 나누는 가족 간의 행복한 시간은 보너스다.

생활동화로 사회성을 키워라

사회성은 다른 사람과의 관계를 통해 터득해 간다. 예전에는 형제자매와 어울리며 사회성의 기초를 쌓았지만 요즘에는 외동아이가 많다 보니 이러한 기회가 많이 사라졌다. 따라서 무엇보다 또래 친구들과의 다양한 만남의 기회를 제공해 줄 필요가 있다.

하지만 친구들과도 할 수 있는 경험은 한정되기 때문에 생활동화 읽기를 통해 간접 경험의 기회를 갖게 해야 한다. 생활동화는 이 시기 아이들의 터전인 가정과 학교에서 벌어지는 일들을 소재로 다루고 있다. 아이들은 경험이 적기 때문에 자신에게 닥친 문제들을 스스로 해결하지 못하는 경우가 많다. 등하굣길 사소한 일로 친구와 다투기도 하고, 형제자매 간에 질투와 시기가 생기기도 하며, 부모에게는 말하고 싶지 않은 고민들이 생길 수도 있다. 이러한 일들을 해결하는 데 생활동화는 많은 도움을 준다.

자신과 비슷한 처지의 또래 이야기를 읽으며 주인공의 심정을 함께 겪어 보기도 하고, 책 속의 인물이 문제를 해결해 나가는 과정을 보면서 문제를 극복하는 방법과 용기를 얻게 되기도 한다. 무엇보다 타인과의 소통 방법을 자연스럽게 익히게 된다.

생활동화를 통해 부모 역시 해결책의 힌트를 얻을 수 있다. 수시로 거짓 말을 하는 아이를 어떻게 해야 좋을지 모르겠을 때, 힘 센 친구 때문에 아이가 고민할 때, 아이가 발표하는 것을 지나치게 힘들어할 때 등 생활동화 속 인물을 통해 아이의 입장에서 문제를 바라보고 가장 적절한 해결책을 발견할 수 있다.

아이의 상황에 따라 골라 읽혀라

이 시기 아이들에게는 가족의 소중함, 어른을 존경하는 마음, 지켜야 할 규칙, 갈등을 해소하는 방법, 우정과 우애를 다룬 책이 좋다.

● 가족의 의미를 알려 주는 생활동화

1, 2학년 교과서에는 '가족'에 대해 배우는 시간이 있다. "엄마니깐 해줘!" "아빠니깐 당연히 나한테 양보해 줘!" 이처럼 아이들은 정도의 차이는 있지만 엄마, 아빠는 당연히 자신을 위해 희생해야 한다고 생각하는 경향이 있다. 또 맞벌이를 하는 집이라면, 부모와 함께하는 시간이 적은 만큼 엄마, 아

빠에 대해 올바른 의미를 갖기가 힘들다. 형제자매 역시 마찬가지다. 조금씩 '나'라는 세계에서 벗어나 주변을 둘러보는 시기인 만큼, 가족의 의미와 가족을 대하는 올바른 자세를 깨우칠 수 있도록 도와주면 좋다.

『백만 년 동안 절대 말 안 해』(웅진주니어)는 "가족 같은 건 필요 없어."라고 외치는 주인공의 눈으로 바라본 가족의 모습을 생생하게 그려 낸다. 또 『내 동생 싸게 팔아요』(아이세움)는 귀찮은 동생을 다른 집에 팔려고 하는 이야기를 통해 어떤 날은 둘도 없는 단짝이었다가 어떤 날은 원수 사이가 되는 형제자매 간의 이야기를 들려준다. 『우리 엄마 맞아요?』(웅진주니어)는 어버이날을 맞아 엄마에게 보내는 유쾌한 불만 편지로, 아이들이 "우리 엄마랑 똑같아."를 연발하며 아주 재미있게 읽는다. 『돼지책』(웅진주니어)과 『엄마 까투리』(낮은산)는 엄마의 소중함을 알려 준다. 노인성 치매에 걸려 이상해진 할머니를 받아들이면서 깨닫게 되는 가족 간의 사랑을 따뜻하게 그려 낸 『우리 할머니가 이상해요』(시공주니어)도 권하고 싶다.

이 밖에도 좋은 도서들이 많이 있다. 티격태격 싸우다가도 언제 그랬냐는 듯이 사이 좋게 지내는 남매 간의 이야기를 그린 『그래도 나는 누나가 좋아』(논장), 새엄마에 대한 편견을 없애 주고 따뜻한 가족 이야기를 그린 『밤티마을 큰돌이네 집』(푸른책들), 안 된다고만 하는 부모에게 화가 나 마법의 설탕 두 조각으로 부모를 작게 만든 렝켄의 이야기를 그린 『마법의 설탕 두 조각』(소년한길), 엄마, 아빠가 동시에 집을 비운 날 동생을 보던 주인공의 좌충우돌 이야기를 소개한 『엄마 아빠가 없던 어느 날』(해와나무), 여섯 살 엠마가 다운증후군인 동생을 기다리며 즐거운 상상을 하는 이야기를 담은 『내 동생과 할 수 있는 백만 가지 일』(한울림어린이)도 2학년 아이에게 딱 맞는 책이다.

● 힘든 학교생활을 도와주는 생활동화

학교에서 일어날 수 있는 소소한 갈등과 해결책을 그린 이야기도 아이들에게 많은 도움이 된다. 다만 이 시기 아이들에게 어울리는 이야기책을 찾는 게 관건이다.

우선 소심한 마음을 극복하는 과정이 세심하게 그려진 『칠판 앞에 나가기 싫어』(비룡소)는 남들 앞에만 서면 부끄러워지는 아이들의 마음을 따뜻하게 읽어 주는 한편 넌지시 해결책을 제시하고 있다.

짝꿍에게 불만이 많은 이 시기 아이들의 마음이 그대로 나타나 있는 『너랑 짝꿍하기 싫어!』(국민서관), 같은 반 친구들 사이에서 일어나는 소소한 갈등들을 마치 어제 우리 반에서 일어난 일처럼 생생하게 그려 낸 『다른 반으로 이사 갈 거야』(문학동네어린이), 『우리 반 오징어 만두 김말이』(좋은책어린이), 『짜장 짬뽕 탕수육』(재미마주)도 권하고 싶은 책이다.

『짜장 짬뽕 탕수육』의 주인공 종민이는 시골에서 도시로 이사 온 전학생이다. 새 친구들에 대한 기대감을 갖고 등교한 첫날 종민이는 힘센 덩치에게 밀려 따돌림을 받게 될 위기에 처한다. 하지만 아이들이 좋아하는 짜장, 짬뽕, 탕수육을 이용해 재치 있게 어려움을 극복해 낸다. 아이들이 좋아하는 책으로 획일화된 사고방식에서 벗어나 다양한 관점에서 바라보는 자세를 알려 준다.

이 밖에도 『오 시큰둥이의 학교생활』(웅진주니어), 『잘한다 오광명』(문학동네어린이)은 친구와 선생님의 중요성에 대해서 일깨워 준다.

친구 간의 우정과 사랑을 다룬 『장다리 1학년 땅꼬마 2학년』(산하)과 『난 키다리 현주가 좋아』(시공주니어)는 아이들의 마음을 대변해 주는 이야기로 오랫동안 사랑을 받고 있다. 서로 다른 성격과 생김새를 가졌지만 소중한 우정을 나누는 친구 이야기로 공감을 불러일으킨다.

『양파의 왕따일기』(파랑새어린이)는 친구를 따돌리는 행위가 나쁘다는 것은 알지만, 양파 그룹에 끼고 싶어 잘못된 일을 묵인하게 된 정화의 이야기를 통해 왕따에 대해 생각해 보게 하고, 내가 만약 그런 상황이라면 어떻게 행동할지 고민해 보도록 한다. 또 잘못된 것은 잘못됐다고 말할 수 있는 용기를 배우게 된다.

『화요일의 두꺼비』(사계절)에 나오는 두꺼비와 올빼미는 친구가 될 수 없는 천적 관계다. 올빼미가 먹잇감으로 잡아 온 마음씨 따뜻한 두꺼비와 조금씩 우정을 나누게 되는 내용을 담은 책으로, 상대가 어려울 때 돕는 사람이 진정한 친구임을 배울 수 있다.

『훈이 석이』(문학동네어린이)는 친구가 무척 좋지만 아직은 자기중심적 사고에서 벗어나지 못해 다투는 아이들 심리를 잘 표현하고 있다. 이 책을 읽는 아이들은 저도 모르게 훈이와 석이의 마음이 되어 타인의 감정도 내 감정만큼이나 중요하다는 것을 알게 되고, 자신의 행동을 돌이켜 보며 후회하고 반성해 보는 기회를 가지게 된다.

🔴 거짓말하는 아이를 위한 생활동화

아이들은 부모의 기대에 부응하고 싶거나 친구들의 관심을 받기 위해 혹은 야단맞지 않기 위해 거짓말을 한다. 그것이 사소한 것일지라도 거짓말이 습관이 되지 않도록 부모는 신경을 써줘야 한다.

『거짓말』(길벗어린이)은 병관이가 주인 없는 돈을 줍게 되면서 벌어지는 마음속 갈등과 이를 해소하는 과정을 그려 내고 있다. '내가 돈을 줍는 걸 누가 보진 않았을까? 돌려줘야 하는 걸까?' 걱정하며 평소 갖고 싶었던 물건을 사는 병관이의 이야기를 통해 누구나 거짓말을 할 수 있으며, 거짓말을 했다고 해서 자책할 필요는 없지만 거짓말은 자기 자신을 가장 힘들게 한다는 사실을 일깨워 준다. 그리하여 거짓말을 할 필요가 없다는 것을 자연스럽게 알려 주고 있다. 이 밖에도 『거짓말쟁이는 힘들어』(아이세움), 『뻥쟁이 왕털이』(사계절) 등의 도서 역시 거짓말의 유혹에 넘어가는 아이들의 심리, 거짓말했을 때의 상황 등을 "하하호호." 웃는 사이 깨닫게 한다.

●● 잘못을 고백할 수 있는 용기를 가르쳐 주는 생활동화

어렸을 때는 부모에게 모든 것을 말하지만, 자라면서 조금씩 자신의 행동을 숨기고 말하지 않게 된다. 특히 그것이 잘못된 행동일 때는 더욱 그러하다.

『말해 버릴까?』(보림)는 아무 생각 없이 한 작은 잘못된 행동으로 커다란 문제에 휘말리게 된 다카시의 심정을 아주 섬세하게 표현하고 있는 책이다. 담임 선생님이 반 아이들 모두에게 하나씩 나눠 준 나팔꽃 씨앗을 다카시는 호기심에 깨물어 버린다. 이 모습을 본 친구들이 다카시를 놀려 댔고, 화가 난 다카시는 방과 후 친구들의 화분에서 씨앗을 몰래 빼내 자신의 화분에 옮겨 심는다. 얼마 후 다카시는 자신의 화분에 세 개의 새싹이 트면서 자신이 한 일을 말할까 말까 고민하게 된다. 잘못을 저지르고 난 뒤 불안해하며 망설이는 아이의 심정을 생동감 있게 그려 내, 아이들로 하여금 나라면 어떻게 했을지, 잘못을 하고 난 뒤 어떻게 행동해야 좋을지를 고민해 보게 한다.

『그림 도둑 준모』(낮은산)는 무엇이 됐든 상을 타서 엄마를 기쁘게 해드리고 싶었던 준모가 뜻밖에 선생님의 실수로 상을 받게 되면서 펼쳐지는 이야기를 소개하고 있다. 부모에게 자랑스러운 아이이고 싶지만, 왜 이렇게 나보다 달리기 잘하고, 공부 잘하는 친구들이 많은 걸까? 난생 처음 받은 상이지만 솔직한 상이 아니기에 괴로워하는 주인공 준모의 모습을 보고 아이들은 깊은 공감을 하며 응원을 보낸다.

생활동화는 현실에 일어날 수 있는 이야기를 다루고 있어 책을 읽는 아이는 주인공과 자신을 동일시하게 된다. 그래서 아이의 행동을 개선시키는 긍정적인 효과가 있다. 이 점이 생활동화의 가장 큰 매력이다.

생활동화도 마찬가지로 다 읽은 뒤엔 책 내용을 꼬치꼬치 묻지 않는 게 좋다. 아이가 다 읽기를 기다렸다는 듯이 "것 봐, 주인공도 너랑 똑같은 고민을 가졌지?" "어때? 주인공은 어떻게 해결했어?" "그 아이는 잘 해결했지? 너도 그렇게 해봐." 하는 등 지시하듯이 말해서는 안 된다. 동화는 어떤 주제든 읽은 뒤 마음속에 새길 시간이 필요하다. 이야기 속 주인공과 함께 스스로 자신의 문제를 깊이 고민해 보고 해결 방법을 생각해 보는 경험들이 쌓여 아이가 성장하는 것이다.

가장 권하고 싶은 방법은 주인공의 경험과 비슷한 경험이 있는지 함께 이야기해 보면서 주인공의 심정을 헤아려 보는 것이다. 저마다 하나쯤은 비슷한 경험을 갖고 있을 것이다. 자신의 경험을 떠올리며 어떤 내용이 재미있었는지, 어떤 부분이 슬펐는지 등을 이야기 나누는 사이 자신의 행동을 되돌아보는 효과가 있다. 또 아이가 생활동화를 읽고 깨달은 점을 실천할 수 있도록 부모가 도와줘야 한다.

음독과 묵독의 과도기

이 시기엔 친구관계에 민감하면서도 어른에게 인정받고 싶은 심리가 있기 때문에 학교생활이 성공적이지 못하면 자신감을 잃게 된다. 학습능력은 아이의 자신감을 형성하는 데 아주 중요한 요인이며, 이 시기의 학습능력은 곧 읽기능력을 의미한다.

아직 음독과 읽어 주기에 익숙한 아이들이 많은데, 점차 학교나 도서관처럼 조용한 공간에서 여러 명이 함께 책을 읽어야 하는 상황이 많아지기 때문에 묵독으로 넘어가는 연습을 통해 읽기능력을 잡아 줘야 한다.

일반적으로 아이들은 음독을 유창하게 할 무렵부터 자연스럽게 묵독으로 넘어간다. 문제는 음독이 유창하지 않은 상태에서 묵독으로 이행한 경우다. 가정이나 학교에서 음독 연습을 충분히 하지 못했거나 음독 오류를 제대로 지도받지 못한 경우에 발생한다. 과거에 비해 글자를 일찍 깨우치는 아이들이 많아지면서, 교실에서 소리 내어 읽을 기회가 거의 사라졌다. 또 다른 반에 피해를 주지 않기 위해 소리 내어 읽기를 잘 하지 않는 추세다.

따라서 묵독으로 넘어가기 전에 아이가 음독을 잘하고 있는지 반드시 확인해야 한다. 음독 오류가 있는지 점검해 보는 방법은 의외로 쉽다. 학년에 상관없이 아이에게 책을 읽어 보라고 한 뒤 아래의 문제가 있는지 살펴보면 된다.

- 한 글자, 또는 한 낱말씩 읽는다.
- 단어나 구절의 끊어 읽기가 안 된다.
- 앞뒤 낱말의 순서를 바꿔 읽는다.
- 한 줄을 건너 띄고 읽는다.
- 익숙하지 않은 글자는 빼고 읽는다.
- 조사를 자주 빼고 읽는다.
- 책에 없는 낱말을 만들어 읽거나 다른 낱말로 바꿔 읽기도 한다.
- 쉼표, 온점, 물음표, 느낌표 등 구두점을 무시한다.
- 손가락으로 글자를 짚어야 읽을 수 있다.
- 묵독을 할 때 자연스럽지 못하고 입으로 중얼중얼하며 읽는다.
- 읽는 속도가 느리다.
- 읽고 나서 무엇을 읽었는지 글의 내용을 이해하지 못한다.

이 가운데 한두 가지에만 해당돼도 음독에 문제가 있다는 의미다. 아이가 소리 내어 마음껏 읽을 수 있는 가정에서 아이의 음독 문제를 바로잡아 줘야 한다. 정도에 따라 다르지만 2~3주 만에 음독이 유창해지는 아이가 있는가 하면 몇 달이 지나도 진전이 없는 아이가 있다. 명심할 것은 강압적인 분위기에서 평가하는 자세로 읽기 지도를 해서는 안 된다는 점이다. 긴장하여 문제가 더 악화될 수 있으며 읽기 자체를 싫어하게 될 수도 있다.

읽기 자료는 교과서 수준으로 제한하는 게 좋다. 반드시 교과서를 사용하라는 뜻이 아니라 교과서든 일반 책이든 다루는 어휘나 주제의 수준이 교과서에서 벗어나지 않아야 한다는 의미다. 또 분량은 초등학교 저학년의 집중력을 고려하여 읽는 데 걸리는 시간이 10분 미만의 적은 분량을 선택하도록 한다. 만약 교과서 내용을 어려워하는 아이라면 미취학 아이가 보는 쉬운 책을 활용하면 된다.

아이와 음독을 연습할 때는 다음 사항에 유의해야 한다.

- A4 반 장 정도 분량의 비교적 짧은 글을 읽게 한다. 하지만 아이가 원하는 책이 있다면 그것을 활용하도록 한다. 그림이 있는 책은 방해가 되므로, 될 수 있는 한 그림이 없는 책을 선택한다.
- 칭찬과 격려가 아이의 음독 실력을 향상시켜 준다. 아이의 잘못을 지적해 주기보다 만약 계속 틀리게 읽는다면 읽는 방법을 몰라서 그럴 수 있으니 바른 읽기법을 알려 주도록 한다.
예를 들어 아이들은 받침이 복잡한 '닭, 얽다, 많다'와 같은 글자의 발음

- 을 어려워한다.
- 아이와 함께 읽는 것도 좋다. 한 줄씩 혹은 한 쪽씩 번갈아 읽거나, 아이가 틀릴 때까지 먼저 읽다가 부모가 이어 읽는 방법도 좋다. 다음 사람이 이어 읽는 방법은 아이의 음독 실력을 칭찬해 주기 위한 방법이므로 음독 실력이 아직 완성되지 않았을 때는 오히려 아이의 자신감을 떨어뜨릴 수 있으므로 주의를 기울여야 한다.
- 적은 분량이라도 매일 읽는 것이 가장 효과적이다.

묵독의 과도기를 초등학교 3학년으로 보는 학자도 있으므로 아이가 현재 음독에 문제가 있거나 묵독이 능숙하지 않다고 해서 불안해할 필요는 없다. 개인차에 따라 지도하면 된다.

5장
책읽기의 과도기이자
급격한 변화가 찾아오는 3학년

책을 좋아하는 아이와 싫어하는 아이가 극명히 나뉘는 시기다. 책을 좋아하는 아이에게는 점점 확대되는 지적 호기심을 충족시킬 수 있도록 다양한 분야의 읽을거리를 제공해 주는 한편 책을 싫어하는 아이에게는 독서에 흥미를 가질 수 있도록 관심을 기울여 줘야 한다.

3학년 적기 독서법

독서를 통해 시련과 실패를 두려워하지 않는 힘을 길러 줘라!

3학년은 교과 과정뿐만 아니라 독서에서도 급격한 변화가 일어나는 시기다.
아이들이 어려워하는 사회와 과학 과목이 생기면서 수준 높은 독서력이 요구된다.
처음 접하는 시련 앞에서 아이들은 하나둘 포기해 버리기 쉽다.
따라서 부모는 독서를 통해 '어떤 일을 잘할 수 있다는 기대와 신념'
즉 '자아 효능감'을 키워 줘야 한다.

아이의 성향에 따라 책읽기도 달라야 한다

이 시기 아이들은 넘쳐나는 에너지를 어디에 어떻게 써야 할지 모를 정도로 기운이 남아 돌기 때문에 활동적인 아이들은 운동을 통해 에너지 분출구를 만들어 줘야 한다. 보통 남자아이들은 학교에 입학하면서 축구나 야구 클럽에 가입하는 경우가 많은데, 3학년은 되어야 승부욕도 생기고 팀별 게임을 본격적으로 즐길 수 있다. 그런데 정작 3학년이 되면 학업에 많은 시간을 할애하느라 운동이나 예체능 활동 시간이 대폭 줄어든다. 넘치는 에너지의 적절한 사용과 운동을 통한 긍정적인 승부욕은 성장으로 이어지는 계기가 된다. 따라서 학업 때문에 운동을 등한시해서는 안 된다.

2학년 아이들과 마찬가지로 부모나 선생님의 관심을 받고 싶은 심리가 강해 친구보다 앞서 가길 원한다. 문제는 많은 부모가 이러한 아이들의 사기를 떨어뜨리는 실수를 저지른다는 사실이다. "네 친구 준수는 또 1등 했다며? 준수처럼만 해봐라." 하고 아이 친구와 비교하거나 "책을 읽으면 용돈을 올려 줄게." "성적을 올리면 스마트폰 사줄게." 하는 등 잘못된 보상으로 동기를 부여하는 것이다.

남과 비교당하는 것이 기분 좋을 아이는 없다. 특히 형제자매나 친구처럼 가까운 사람과 비교당하면 마음이 상하여 오히려 의욕이 떨어진다. 심한 경우 "나는 원래 못하는 아이야." "내가 그렇지 뭐. 난 해도 안 될 거야."라고 생각하기 쉽고, 비교 대상의 아이를 싫어하게 될 수도 있다. 또 잦은 보상에 따르는 부작용도 고려해야 하는데, 보상 없이는 절대 하지 않으려고 하거나 보상에 따라 움직일 수 있다.

물론 활동적인 아이는 가만히 앉아서 책을 읽거나 공부하는 걸 못 견뎌 한다. 하지만 이런 아이들도 친구들과 함께라면 의욕이 생긴다. 따라서 또래와의 독서 모임을 만들어 주면 효율적이다. 이때 책을 읽기 위한 모임이 아니라, 친구들과 이야기를 나누기 위해 책을 읽는 것이라는 느낌을 줘야 한다. 친구들과 같은 책을 읽고 재미있게 이야기 나누는 사이 다음 책읽기 시간이 기다려지게 되고, 독서 습관이 형성된다.

반면 정적인 아이는 표현 활동을 통해 내면의 에너지를 발산할 수 있도록 다양한 예술 활동을 권하는 것이 좋다. 정적이면서 소극적이어서 자신의 의견을 표현하기 어려워하는 아이를 다른 아이와 비교하며 "저렇게 씩씩하게 말해 봐." 하고 부추기면 오히려 주눅이 든다. 이런 아이들은 글쓰기, 그림, 음악 등 예체능 활동을 통해 표현해 보게 하는 것이 보다 효과적이다. 보다 자신의 감정을 솔직하게 표현할 수 있기 때문이다. 책을 읽은 뒤에는 자기 의견을 말하게 하기보다는 그림이나 글로 표현할 기회를 주고, 아이가 음악을 좋아한다면 음악을 감상한 뒤 받은 느낌을 동작으로 표현하게 해보자. 단 이때 표현할 시간을 충분히 주어야 한다.

다양한 읽기 자료로 견문을 넓혀라

1, 2학년 아이들은 자기중심적인 세계관을 가지고 있지만, 3학년이 되면 조금씩 '나'와 '세계'를 분리해서 보게 된다. 그러면서 주변 세계에 대한 관심은 물론 자기 자신에 대한 관심도 높아진다. 자신의 정체성을 확인하는 한편 더 넓은 세계로 나아가고자 하는 것이다.

친구 관계도 확대되어, 이전에는 성격이나 취향이 비슷한 아이들과 어울렸지만 이제는 정반대의 성격을 가진 친구와도 잘 어울린다. 오히려 자신이 가지지 못한 것을 가진 친구, 내가 하지 못하는 일을 할 줄 아는 친구에게 매력을 느낀다. 그래서 이 무렵부터는 아주 조용하고 얌전한 아이가 활달한 아이나 때로는 거친 아이와 어울리는 모습을 종종 보이곤 한다. 나와 전혀 다른 특징을 지닌 친구를 통해 일종의 대리 만족을 느끼는 것인데, 그만큼 사회적 영역이 넓어졌음을 의미한다. 만약 아이가 정반대의 취향을 가진 친구를 집에 데려왔다면 당황하지 말고 아이의 자연스런 성장으로 받아들여야 한다.

이와 동시에 더 넓은 세계로 한 발 내딛으려고 하는 아이를 위해 세상에 대한 호기심을 충족시켜 주고 또 다른 관심을 불러일으켜 줘야 한다. 이를 위해 다양한 읽기 자료를 활용하면 좋다.

지도로 세계와 만나다

지도는 거대한 읽기 자료다. 국제 구호 전문가 한비야는 세계 지도를 늘 가까이하다 보니 세상은 생각보다 넓지 않다는 것을 알게 되었다고 한다. 가정에서도 현관문이나 냉장고에 지도를 붙여 놓고 적극 활용해 보자. 우리나라 전도를 보면서 할머니 댁이나 친척집의 위치를 찾아보거나 세계 지도에서 가고 싶은 나라의 위치를 찾아보면서 지도에 대한 관심을 유도한다. 어느 정도 아이가 세계 지도에 익숙해졌다면 나라 빨리 찾기 게임을 해봐도 좋다.

『내가 만난 꿈의 지도』(시공주니어)는 모든 게 폐허가 된 전쟁터 속에서 지금 당장 먹을 빵보다는 내일의 희망을 선물하고자 아빠가 건네 준 지도를 통해 아이가 변해 가는 모습을 그리고 있다. 아이에게 진한 감동과 함께 지도의 의미에 대해 전해 줄 수 있는 책이다. 『지도는 보는 게 아니야, 읽는 거지!』(토토북)와 『지도로 만나는 세계 친구들』(뜨인돌어린이)도 지도에 대한 흥미를 불어넣어 주는 책이다.

지도를 통해 아이가 다른 나라에 대한 호기심이 커졌다면, 다른 나라 사람들의 삶의 모습과 문화에 대해서 재미있게 소개하고 있는 여행 관련 도서를 권해 주자.

아이들에게는 『어린이를 위한 유쾌한 세계 건축 여행』(토토북), 『아빠랑 은별이랑 섬진강 그림여행』(소년한길), 『어린이를 위한 바람의 딸 우리 땅에 서다 1, 2』(푸른숲주니어)를 비롯 『반쪽이와 하예린, 런던에 가다』(한겨레아이들), 『온쪽이 하예린의 내가 만난 파리』(디자인하우스) 등을, 아이와 함께 여행하고 싶은 부모에게는 답사 여행 안내서 『여행하며 크는 아이들』(한티재) 등을 권하고 싶다.

여행 관련 책을 읽다 보면 주인공의 여행에 동참하는 듯한 기분을 느낄 수 있다. 그런 한편으로 한 발짝 떨어져서 자신을 객관화시킬 수 있다. 여정을 따라 가는 사이 마음을 짓누르던 고민이 그리 심각하지 않음을 알게 되고, 심각했던 문제도 의외로 쉽게 해결할 수 있음을 알게 되어 용기와 희망이 생긴다.

신문 하나로 세상 이모저모를 들여다본다

매일 새로운 사건을 소개하는 신문은 읽기 연습을 시키는 최고의 읽기 자료다. 신문을 통해 정치, 경제, 사회는 물론 다양한 분야의 지식을 얻을 수 있을 뿐 아니라 논리력이 향상되는 것은 누구나 아는 사실이다.

물론 아이들에게는 쉽지 않은 읽기 자료다. 따라서 처음에는 비교적 아이의 시각으로 바라본 세상 이야기를 소개하는 어린이 신문으로 시작해 보길 바란다. 신문 읽기를 시작할 때는 아이가 관심을 보이는 분야부터 접근하는 게 좋다. 스포츠를 좋아한다면 스포츠 면부터, 예술이나 문화를 좋아한다면 문화 면부터 보는 것이다. 혹은 아이에게 신문 기사 중 관심이 가는 기사에 표시를 하여 읽게 하는 것도 좋다. 읽은 기사 내용을 바탕으로 이야기를 나누는 사이 세상에 대한 관심과 이해가 한층 높아진다.

또 신문을 읽다가 궁금증이 생길 수도 있다. 그 의문이 어떤 인물일 수도 있고, 역사적 내용일 수도 있으며 시사적인 문제일 수도 있다. 예를 들어 얼마 전 새 교황이 선출된 기사를 본 아이가 "엄마, 우리나라에 유명한 추기경이 누가 있어요?" 하고 물었다면 이미 작고한 분이지만 '김수환 추기경'에 관한 책을 찾아 읽히면 된다. 이렇게 신문 읽기를 통해 아이의 궁금증도 해소하고 지식을 한층 넓히는 기회를 가질 수 있다.

신문만큼 다양한 내용을 접할 수 있는 것이 잡지다. 한 권 안에 제법 다양한 지식, 인문, 시사 상식을 다루고 있다. 잡지의 장점은 아직 문자 정보에 대한 이해력이 낮은 아이들이 한층 손쉽게 읽을 수 있다는 점이다.

과학 잡지, 수학 잡지, 시사 교양 잡지 등 잡지의 종류는 매우 다양하므로, 아이의 관심사를 바탕으로 선정해서 함께 읽어 보자. 종합 잡지보다 한 가지 주제를 다루는 잡지는 보다 자세한 배경지식을 얻을 수 있다.

어휘를 아는 만큼 이해력이 높아진다

일상생활에서 접할 수 있는 어휘는 한정적이며, 이 시기 교과서에 나오는 어휘들은 한자말이나 추상어가 많아 어려움을 겪기 쉽다. 하지만 사전을 활용하면 어휘력이 발달할 뿐만 아니라 추상적인 낱말도 이해할 수 있어 풍부한 어휘를 사용할 수 있다. 따라서 지금부터 아이가 사전과 친숙해질 수 있도록 해주면 좋다.

이 무렵 학교에서도 국어사전 찾는 방법을 배운다. 국어사전을 활용하면서 자음과 모음의 결합을 배우고 그 순서를 자연스럽게 익히게 된다. 사전을 사용하는 법을 먼저 가르친 뒤 쉬운 어휘부터 함께 찾아보아 서서히 아이 스스로 찾을 수 있도록 해야 한다. 익숙해질 수 있도록 거실이나 식탁에 두고 '30초 안에 단어 찾기' 게임을 해보는 것도 좋은 방법이다. 늦어도 4학년 때까지는 사전 찾기에 익숙해져야 한다.

낱말 뜻의 풀이 자체가 아이에게는 어려울 수 있으므로 예문을 통해 맥락을 이해하게 하면 훨씬 풍부한 어휘력을 갖게 된다. 또 찾아본 어휘에는 표시를 하게 하여 성취감을 느끼게 해주는 것도 좋다.

종이 사전이냐, 전자 사전이냐를 고민하는 부모도 있을 것이다. 초등학교 시기에는 종이 사전을 사용하길 권한다. 종이 사전은 찾는 즐거움이 있으며, 주변에 있는 어휘도 같이 보게 되므로 애초에 찾으려던 어휘보다 더 많은 어휘를 접할 수 있다.

초등학생이라도 2~3학년은 시각 자료가 풍부한 초등학생용 사전이 좋지만, 고학년은 성인들이 보는 사전이 유용하다. 초등학생용 사전은 아무래도 실린 낱말이 적어 활용도가 낮기 때문이다.

저학년 아이들에게 좋은 사전에는 『보리 국어사전』(보리), 『푸르넷 초등 국어사전』(금성출판사), 『동아 연세 초등국어사전』(두산동아), 『초등 새국어사전』(두산동아)이 있으며, 고학년 아이들에게 좋은 사전으로는 『엣센스 국어사전』(민중서림), 『동아 새국어사전』(두산동아)이 있다.

이 밖에도 『초등학생을 위한 자신만만 지식사전』(주니어김영사), 『마법 천자문 초등한자사전』(아울북)처럼 초등학생에게 필요한 지식, 정보들을 정리하여 소개한 사전들을 활용해도 좋다.

3학년은 도서관을 가장 효율적으로 이용할 수 있는 시기다

　　　　　　　　　　서점에서 한 아이가 아빠와 책을 고르고 있었다. 어떤 책을 흥미진진하게 보고 있던 아이는 마침내 결심이 선 듯 "아빠, 이 책 사주세요." 하고 말했다. 그러자 아빠가 "집에 가서 인터넷으로 사줄게. 그게 더 싸." 하는 것이었다.

　이 아빠는 아이의 독서 습관 형성과 직결되는 이 상황을 무시한 채 온라인 서점이 적립금이나 포인트를 쓸 수 있어서 조금 더 싸게 살 수 있는 생각밖에 하지 못했다. 신중을 기해 가장 마음에 드는 책을 고른 아이에게 부모의 이런 말은 독서의 흥미와 감동을 반감시킨다. 보고 싶은 책을 바로 사서 읽는 즐거움을 빼앗는 행위다.

　물론 아이의 도서 구매 비용이 만만치 않아 망설이는 점은 충분히 이해가 된다. 그렇다면 도서관을 적극 활용해 볼 것을 권하고 싶다. 보통 취학 전에 도서관을 많이 활용하는데, 가장 효율적으로 도서관을 이용할 수 있는 시기는 3학년 때다.

아이의 관심이 넓어지는 만큼 다양한 책을 제공해야 하는데, 그 많은 책을 일일이 사주는 일은 불가능하다. 또 심사숙고하여 구입한 책이 마음에 안 들 때도 있다. 저학년 때까지는 부모의 취향대로 읽히기 마련이지만, 3학년쯤 되니 어떤 책을 사주어야 할지, 우리 아이는 어떤 분야를 더 읽혀야 할지, 요즘 아이들의 관심사는 무엇일지 헤아리기 쉽지 않다. 게다가 다양한 영역에 대한 호기심이 왕성한 이 시기 아이들의 특성상 전집이나 시리즈물을 본격적으로 읽혀야 할 때다.

도서관은 이러한 우려와 고민을 말끔히 해결해 주는 아주 효율적이고 경제적인 공간이다. 더군다나 요즘에는 동네마다 도서관이 생긴 덕분에 언제든지 편안하게 이용이 가능하며, 다채로운 행사도 많이 열려 도서관이 딱딱하고 지루한 곳이 아니라 여가를 즐길 수 있는 공간으로 변모하고 있다. 또 전문 사서 교사들이 아이들의 올바른 책 선정과 읽기를 도와주고 있으니 적극 활용해 보자.

달라진 교과목, 자아 효능감이 필요하다

'자아 효능감'은 교육 심리학자 반두라(Albert Bandura)가 제안한 말로, 어떤 일을 잘할 수 있다는 기대와 신념이다. 자신감과도 비슷한데, 자신감은 실질적인 결과물을 얻었을 때 생기는 것으로 단순한 칭찬만으로는 형성되지 않지만, 자아 효능감은 자신의 능력에 대한 믿음이기 때문에 칭찬과 격려가 효과적이다.

말하자면 자아 효능감이 높은 아이는 어려운 과제를 선택하는 데 주저하지 않고 이를 해결하려 노력한다. 반면 자아 효능감이 낮은 아이는 성공하지 못할 것이라는 생각 때문에 과제에 몰두하지 못하고 결국 실패한다. 즉 자아 효능감이 높으면 노력하여 무언가를 성취해 내는 힘이 강해지지만, 자아 효능감이 낮으면 해도 안 된다는 생각에 빠지기 쉽다.

학년이 올라갈수록 특정 과목을 포기하는 아이들이 많아진다. 그 시발점이 3학년이다. 교과 학습이 변하면서 수학, 과학, 사회를 포기하는 아이들이 생겨난다. 잘할 수 있는 방법을 고민하거나 노력하지 않고 포기하는 아이들은 자아 효능감이 낮다는 의미다.

자아 효능감은 학년이 올라갈수록 아이의 학교생활에 직접적인 영향을 미친다. 고학년이 될수록 교과 과정은 아이에게 더 많은 능력을 요구하게 된다. 당연히 못하는 분야가 생길 수밖에 없는데, 자아 효능감이 낮은 아이는 잘할 수 있다는 확신이 없기 때문에 그런 일이 생길 때마다 포기하고 회피하게 된다. 문제가 생길 때마다 무기력하고 나약한 모습을 보이다 보니 성적은 떨어지고, 대인관계마저 힘들어진다.

3학년 때 일어나는 많은 변화 가운데 가장 두드러지는 것은 사회와 과학 과목의 편성이다. 이 두 과목은 배경지식의 차이에 따라 좋아하는 아이, 싫어하는 아이로 극명하게 나뉜다. 또 책을 좋아하는 아이와 싫어하는 아이가 갈리면서 개중에는 책읽기를 포기하는 아이까지 생겨난다. 3학년 때부터 책을 한 권도 제대로 읽은 적이 없다는 아이들이 의외로 많다. 재미없어서 읽지 않다 보니 책을 읽을 수 없게 되었다는 것이다.

예체능은 더욱 분명하게 갈린다. 축구나 농구와 같은 운동을 해봤더니 소질이 없더라며 아예 하려고 하지 않는 아이가 생기는가 하면, 그림이나 피아노를 배워 봤더니 실력이 늘지 않는다며 포기하는 아이가 생긴다. 사실 꼭 잘해야만 되는 것은 아닌데도 말이다.

이 모든 것이 우리 사회에 만연한 그릇된 평가 문화 때문이다. 무엇이든 즐기면서 배워야 할 시기에 부모나 교사로부터 받을 낮은 평가가 두려워 일찌감치 포기해 버리는 아이들이 생긴다는 건 안타까운 일이다.

아이의 자아 효능감은 부모나 교사에 의해 높아질 수도 있고 낮아질 수도 있다. "넌 무엇이든 잘할 수 있어."와 같은 과도한 기대를 해서도 안 되지만 아이를 끊임없이 격려해 주고 잘 못하더라도 기다려 주는 인내가 필요하다.

배경지식이 쌓일수록 자아 효능감이 높아진다

사회와 과학 과목을 처음 배우는 시기인 만큼, 첫인상이 대단히 중요하다. 사실 가장 많은 초등학생이 싫어하는 과목이 사회다. 과학 역시 실험 위주의 수업일 때는 좋아하지만 학년이 올라갈수록 싫어하는 과목으로 손꼽힌다. 사회와 과학은 어릴 적부터 풍부한 독서량으로 배경지식을 갖춘 아이에겐 어렵지 않지만, 그렇지 못한 아이에겐 용어도 어렵고 방대한 학습량도 부담스럽다. 따라서 관련 주제의 책을 읽혀 해당 과목에 대한 이해를 높여 주는 일이 최선이다. 이를 통해 잘할 수 있다는 자신감을 심어 주어야 한다.

이를 위해서는 부모가 나서서 교과서를 살펴볼 필요가 있다. 사회 첫 단원에서는 무엇을 배우는지, 과학 교과서에서는 어떤 주제들을 다루는지 관심 있게 살펴보도록 한다. 특히 학습 목표를 보면 단원의 전체 흐름을 한눈에 알 수 있으니 어떤 책을 골라 줘야 할지 판단할 수 있다.

3학년 사회 교과서에서는 우리 마을의 그림 지도, 고장의 생활과 문화 유산을 배우고, 교통 통신과 여러 나라 사람들의 생활을 배운다. 대체로 우리가 사는 세상 이야기로, 주제는 지리와 사회 문화로 좁혀진다. 교과서에 담겨 있는 주제의 내용을 잘 표현한 것으로는 다음의 책들이 있다.

『손으로 그려 봐야 우리 땅을 잘 알지』(토토북)는 지도를 직접 따라 그리며 우리나라 지리에 대해 알 수 있도록 한 책이다. 인류 역사에 등장한 다양한 지도와 의미를 소개한 『지도는 언제나 말을 해』(논장), 우리 땅 이곳저곳을 살펴보는 『우리 땅 방방곡곡』(웅진주니어)을 함께 읽어도 좋다. 지리는 아이들이 처음 접하는 단원이므로 재미를 우선으로 선택해야 한다.

『내가 원래 뭐였는지 알아?』(창비)는 옛 살림살이를 재미있는 이야기와 함께 소개하는 책으로, 조상들이 쓰던 도구의 비밀이 담겨 있다. 교통과 통신을 재미있는 이야기와 함께 다룬 『말 달리고 횃불 피우고 옛 교통과 통신』(주니어RHK)은 꼬마 보부상을 통해 교통 수단이 발달하지 않았던 옛 시대의 탈것과 통신을 소개한다. 또 『신명 나는 우리 축제』(주니어중앙)는 강릉 단오제를 비롯하여 우리 고유의 축제들을 알려 준다.

3학년 과학 교과서에서는 물체와 물질, 혼합물과 화합물, 동물과 곤충의 한살이, 날씨와 바람, 부피와 무게, 자석, 빛과 그림자 등 과학의 전 영역인 화학, 물리, 지구과학, 생물의 기초 지식을 배운다. 과학의 전 영역을 골고루 다루기 때문에 배경지식이 적은 아이들은 과학 과목이 버거울 수 있으므로 시각자료가 풍부한 책을 고루 권해 주어야 한다.

『애벌레가 들려주는 나비 이야기』(철수와 영희)와 『나비』(진선출판사)는 나비의 한살이와 종류에 대해 상세히 알려 준다. 『알고 보면 더 재미있는 곤충 이야기』(뜨인돌어린이)는 다양한 곤충의 모습과 특징을 알 수 있다. 날씨를 좌우하는 바람에 대해 알려 주는 『지구를 숨 쉬게 하는 바람』(웅진주니어)과 숲의 사계절 생태를 알 수 있는 『재미있는 숲 이야기』(다른세상), 빛의 종류와 성질에 대해 소개하는 『반사하고 굴절하는 빛』(이치사이언스)도 배경지식을 쌓는 데 도움을 준다.

　사회와 과학 공부에 도움이 되는 도서는 참 많다. 학습을 돕는 도서를 고를 때는 너무 많은 지식이 담긴 책은 피하는 것이 좋다. 많은 지식을 전부 다 이해할 수도 없거니와 과도한 정보에 치여 책읽기가 싫어질 수 있다. 어느 정도가 적절한 것인지 잘 모르겠다면, 내용이 좀 적어 보이는 책을 고르면 된다. 특히 배경지식이 상대적으로 부족한 분야는 그림이나 사진 등의 시각 자료가 많이 소개되어 있는 책을 우선해야 한다.

　이렇게 배경지식을 쌓다 보면 해당 과목에 대한 효능감이 높아져 잘할 수 있다는 긍정의 힘이 발휘된다.

　그리고 무엇보다 부모의 태도부터 점검하길 바란다. 아이가 새로운 과목을 배운다는 기대감에 젖어 있을 때 "어려우니깐 열심히 해야 해." "사회는 무조건 암기 과목이야. 무조건 외워야 해. 알았지?" 하는 등 그 과목이 어렵다는 생각을 심어 주면서 부담감을 주지는 않았는지 되돌아보자.

'소수의 책벌레'와 '다수의 책 싫어'로 나뉘기 시작한다

3학년 아이들을 보면 무척 바쁘다. 그동안 예체능 위주로 학원을 다니던 아이들도 영어, 수학, 사회, 과학 등 보습 위주의 학원을 다니기 시작한다. 그러다 보니 아이들의 책 읽을 시간은 점점 줄어들게 된다.

2학년 말쯤 되면 '소수의 책벌레 부류'와 '다수의 책 싫어 부류'로 나뉘기 시작하여 3학년이 되면 이 현상이 확연하게 드러난다. 이때 학습량 증가로 인한 학습 부담이 생기면서 책읽기 습관이 몸에 배지 않은 아이는 자연스럽게 책 싫어 부류에 속하게 된다.

하지만 책벌레 아이들에겐 이제부터가 본격적인 책읽기 시기다. 호기심이 늘어나고 읽기 능력이 더욱 탄탄해지면서 다양한 도서들에 관심을 갖고 읽기 시작한다. 부모는 아이의 이러한 욕구가 충족되도록 다양한 분야의 도서를 제공해 줘야 한다. 반복하지만 도서관은 이 시기에 가장 유용한 공간이라 할 수 있다.

물론 책벌레 아이들은 이미 스스로 독서 동기가 형성된 상태이기 때문에 적절한 도서 제공만으로도 유능한 독서가로 성장할 수 있다. 하지만 부모의 욕심으로 학원에 내몰린 아이들은 설령 책읽기를 좋아했을지라도 시간에 쫓겨 책 싫어 부류에 속하게 될 확률이 높다. 그러므로 아이가 올바른 독서 습관을 가지고 있더라도 아이의 책읽기에 관심을 가지고, 아이가 꾸준히 독서할 수 있도록 적절한 칭찬과 보상을 해줘야 한다.

문제는 책 싫어 부류의 아이들이다. 책이라면 질색하던 아이가 어느 날 갑자기 책이 좋아질 리 없다. 책보다 재미있는 게 너무 많기 때문이다. 텔레비전, 스마트폰, 인터넷 게임을 제칠 만큼 재미난 책이 있을까?

아이에게 독서에 대한 관심을 높여 줘야겠다는 생각은 때때로 어리석은 행동을 유발시킨다. 얼마 전 사내아이 둘을 키우느라 정신없는 나날을 보내는 엄마가 아주 뿌듯한 표정으로 이런 이야기를 했다.

"선생님, 아이들이 싸우길래 벽에 서 있으라고 벌을 세웠는데 문득 이런 생각이 들더라고요. 벌을 서는 동안 아무것도 하지 않잖아요. 왠지 시간이 아깝더라고요. 그래서 그 시간을 활용하여 책과 친해질 수 있도록 책꽂이 앞에 세워 책 제목을 읽게 했어요. 완전 기발하지 않아요? 저 잘했죠?"

이 엄마의 말처럼 벌을 서는 동안 책 제목을 읽게 하면 정말로 시간도 절약되고 책과도 친해질 수 있을까? 그렇지 않다. 우선 아이에게 벌을 세우는 목적이 무엇인지 생각해 봐야 한다. 잘못한 점을 반성하게 하고 행동을 수정하는 것이 목적이라면 벌을 서는 동안 아이 스스로 어떤 점을 잘못했는지, 그래서 앞으로 어떻게 행동해야 하는지 생각할 시간을 주어야 한다. 또 책과 친숙해지기 위한 방법이었다고 해도 이 역시 잘못이다. 책읽기는 즐거운 일이어야 하는데, 실컷 야단을 맞은 뒤 기분 나쁜 상태에서 책 제목을 읽는 것은 책에 대해 부정적인 생각을 갖게 해 오히려 앞으로의 책읽기를 방해한다. 즉 이도 저도 아닌 벌이 되어 버린 것이다.

아이에게 "책 읽어라." 잔소리하기 전에 책 읽을 시간을 충분히 주었는지, 책을 읽고 싶은 환경을 만들어 주었는지, 끊임없이 동기를 부여해 주고 있는지 확인해 봐야 한다. 학원 스케줄을 빡빡하게 짜놓고 책을 읽지 않는다고 하는 건 아닌지 되돌아봐야 한다.

책읽기의 최대 적은 빡빡한 학원 스케줄과 텔레비전, 스마트폰 그리고 인터넷 게임이다. 학원은 지식을 주입하고, 스마트폰이나 각종 게임은 강렬한 자극으로 아이를 취하게 하여 생각할 수 있는 두뇌의 힘을 잃게 한다. 이런 것들로부터 멀어지면 멀어질수록 훌륭한 독서 환경이 조성되며, 이는 가정에서 충분히 만들어 줄 수 있다.

3학년이면 그림이 많고 글씨가 큰 책에서 벗어나 문장이 길고 줄거리가 복잡한 책들도 읽을 수 있다. 그러므로 되도록 다양한 독서 경험을 쌓아 세상에 대한 다양한 관심 속에서 자신의 가치관을 하나씩 성립해 가도록 도와야 한다. 무엇보다도 중요한 것은 세상을 참되게 바라보는 시각을 가꾸는 일이다.

급격히 심해지는 독서 편식을 잡아라

이 시기에 유독 독서 편식이 심해지는 것은 요구되는 독서 수준이 급격히 높아지기 때문이다. 사실 독서 편식은 누구나 일반적으로 지니고 있는 습관이다. 태생적으로 가지고 있는 흥미와 적성 그리고 환경이 독서 편식을 낳는 것이다. 즉 좋아하는 분야의 책을 골라 읽는 것은 자연스러운 현상이다. 하지만 독서 편식은 편협한 사고를 초래할 뿐 아니라 자칫 독서의 흥미를 떨어뜨릴 우려가 있으므로 주의를 기울여야 한다.

3학년 재영이는 초등학교 저학년 때부터 독서 편식이 아주 심했다. 책읽기를 좋아했지만 거의 과학책만 즐겨 보았고 과학적 지식을 습득하는 데만 관심이 있었다. 심한 독서 편식을 줄이기 위한 방법을 고민하다가 아이가 화장실에 갈 때면 책을 들고 가는 습관을 활용해 보기로 했다. 화장실에 들어

갈 때 일부러 옛이야기책 한 권을 들려 준 것인데, 며칠이 지나자 "어, 이거 아주 재미있네요." 하더니 관련된 다른 도서까지 몽땅 읽는 모습을 보였다. 보리출판사의 〈옛이야기 보따리〉 시리즈로, 비교적 글씨도 작고 삽화도 거의 없지만, 우리 옛이야기의 재미를 마음껏 느낄 수 있는 책이다. 이 책을 계기로 이야기책을 보기 시작한 재영이는 서서히 생활동화와 창작동화에도 눈을 돌리기 시작했다.

만약 이야기책만 읽는 아이라면 같은 방법으로 지식정보 그림책을 주면 된다. 이때 지식정보 그림책은 아이가 읽는 이야기책보다 훨씬 수준이 낮은 것을 택하는 것이 중요하다. 다른 분야 도서의 재미를 알게 해주는 것이 이 방법의 포인트임을 명심해야 한다.

책꽂이의 책을 함께 정리하면서 자연스럽게 아이의 독서 취향을 파악할 수도 있다. 지식책과 문학책으로 나눈 뒤, 지식은 또 사회, 역사, 과학, 수학, 인물, 사전류로 나누어 본다. 책을 분류하고 정리하다 보면 아이가 주로 어떤 책을 읽고, 어떤 종류의 책을 기피하는지 한눈에 알 수 있다. 재독을 한 책은 너덜너덜해졌을 것이고, 한 번 읽고 만 책이나 읽지 않은 책은 깨끗할 것이다. 또 아이가 좋아하는 주제의 책을 중심으로 구입했을테니, 종류가 많다는 것은 아이의 관심사라는 말이 된다. 아이의 관심 분야가 무엇인지 분명하게 드러났다면 이와 관련하여 더 폭넓은 지식이 담긴 수준 높은 책을 권해 주도록 하고, 즐겨 읽지 않는 분야는 연령이나 학년 수준에 상관없이 이해하기 쉬운 책을 권해 주도록 하자. 이렇게 책을 분류해 보는 방법은 아이에게 평소 읽지 않던 책에 대한 관심을 불러일으키기도 한다.

또 승부욕이나 성취욕이 강한 아이는 독서 나무처럼 눈에 띄는 방법을 활용하면 좋다. 나뭇가지마다 읽은 책의 제목과 분야를 적어 넣는 독서 나무는 한눈에 아이가 읽은 분량과 분야가 드러난다. 이는 아이의 독서 의욕을 자극하여 평소 읽지 않는 분야의 책도 읽게 한다. 적절한 보상을 주어 동기를 유발하는 것도 좋은 방법인데, 다시 말하지만 과도한 보상은 피하도록 한다.

저학년의
읽기법을
버려라

　　　　　　　　　　3학년 아이들은 영구치가 하나둘 늘어가면서 발음이 정확해진다. 점차 말하기 능력이 발달하여 때, 장소, 상황에 따라 해야 할 말과 하지 말아야 할 말을 구분하여 나름대로 체계적인 화법을 가지게 되지만 아직 자신의 의사를 정확하게 표현하지는 못한다. 경험이 적기 때문에 비유나 예를 들어 설명하지 못하니 표현이 서툰 것이다. 이때 독서는 다양한 표현 방법과 예문들을 접하게 하여 아이의 표현력을 향상시킨다.

　보통 2학년이 되면 음독에서 묵독으로 자연스럽게 이행되고 3학년이 되면 묵독이 자리 잡게 된다. 의미 단위로 읽는 데 능숙해진다는 의미로 평소 책을 많이 읽는 아이들은 책읽기 속도가 아주 빨라진다.

　이러한 특징과 달리 "저학년 때는 책읽기를 좋아했는데, 3학년이 되면서 점차 책을 읽지 않아요." 하고 하소연하는 부모가 많아진다. 3학년은 변화의 시기다. 아이의 활동 범위가 넓어져 친구가 다양해지고, 교육 과정이 어려워지면서 그동안 학원에 보내지 않던 부모도 학원에 보내기 시작하는 때다. 아이가 해야 할 공부의 양은 많아지고 저학년 때와 달리 책의 난이도가 높아진다. 따라서 지금까지의 독서 태도와 방법을 버리고 다른 독서 방법을 적용해야 한다.

점차 어려운 어휘들이 늘어나고 내용이나 구성이 복잡해지면서 아무리 읽어도 이해가 가지 않는 일이 많아지기 때문에 이미 가지고 있는 배경지식과 결합하여 생각해 가며 읽어야 한다. 따라서 방법을 바꾸어 정독과 재독의 습관을 들이지 않으면 저학년 수준의 책읽기에서 벗어나지 못하게 된다.

이 시기 아이들은 단편집을 읽히면 좋다. 단편집은 자투리 시간을 활용하기도 좋고, 또 한 편을 다 읽고 나면 긴 분량의 책을 다 읽은 것 같아서 뿌듯해진다. 이러한 성취감이 모여 매일 꾸준히 읽는 습관이 생긴다. 아이들이 재미있게 읽을 수 있는 단편집으로, 다소 무거운 주제를 위기철 작가 특유의 명쾌한 문체로 담아낸 『생명이 들려준 이야기』(사계절)와 깔깔대며 웃을 수 있는 이야기로 가득한 『헨리와 말라깽이』(현암사)를 적극 권한다. 이 밖에 『너만의 냄새』(사계절), 『바다 속 왕국』(논장), 『도깨비와 권총왕』(웅진주니어), 『금두꺼비의 첫 수업』(창비), 『신통방통 왕집중』(문학동네어린이), 『우리 이웃 이야기』(논장)도 좋다.

그림책에서
이야기책으로 넘어가는
전략을 가르쳐라

자아 효능감은 그림책에서 이야기책 읽기로 이행하는 이 시기 아이들에게 아주 중요하게 작용하는 심리적 요인이다. 그림의 도움을 받아 상상하고 추론할 수 있을 뿐만 아니라 글도 비교적 짧아 읽는 데 큰 부담이 없었던 그림책과 달리 이야기책은 그림이 거의 없을뿐더러 글의 길이가 길어 자아 효능감이 낮은 아이들은 도전하기를 꺼려한다. 독서에 대한 자신감은 성공적인 책읽기 경험을 했을 때 생긴다. 책을 읽는 중이나 읽고 난 뒤 다음의 감정을 느꼈다면 성공적인 책읽기를 하였다고 할 수 있다.

- 재미있다.

- 학교에서 배운 내용을 확인할 수 있다.

- 뒷이야기가 궁금해서 책을 손에서 내려놓을 수가 없다.

- 다음 편을 읽고 싶다.

- 여러 번 반복해서 읽고 싶다.

- 주인공의 생각과 내 생각이 똑같아 공감이 갔다.

- 같은 주제의 다른 책을 읽고 싶다.

성공적인 책읽기 경험은 아직 독서 습관이 형성되지 않은 아이일수록 아주 중요하다. 경민이가 바로 그러한 경우인데, 어려서부터 제대로 된 독서교육을 받아 본 적이 없는 경민이는 3학년이 되어서도 책 한 권을 처음부터 끝까지 읽어 본 적이 없었다. 언제나 띄엄띄엄 대충 들춰 보았다. 축구를 좋아하고 언제나 활달하여 친구들과는 늘 사이좋게 지내지만, 이대로는 교과 수업조차 따라 갈 수 없어 보였다.

보통 3학년은 그림책에서 이야기책으로 넘어가야 하는 시기이지만, 경민이의 경우에는 그림책 읽기로 책과 친숙해지는 시간이 필요했다. 어느 정도 책과 익숙해졌을 무렵, 경민이의 관심 분야를 고려하여 『축구 생각』(창비)과 『레나는 축구광』(계림북스쿨)을 골라 주었다.

『축구 생각』은 축구 금지령을 내린 선생님의 눈을 피해 몰래 축구를 하던 대용이가 수학 시험에서 50점을 받으면서 이야기가 흥미진진해진다. 또 『레나는 축구광』은 거짓말을 해가면서까지 축구를 하고자 했던 초등학생 레나의 이야기다. 경민이는 "우와! 모두 제 이야기 같아요. 진짜 재미있어요." 하며 자신의 이야기를 그려 놓은 듯한 이야기에 빠져들었다.

이 두 권을 다 읽은 뒤 경민이는 스스로 학교 도서관에서 축구와 관련된 책을 빌려 왔다. 일전에 읽은 책들이 재미있었던 덕분에 다른 책도 읽어 보고 싶어진 것이다. 그리고 두 달이 안 되어 240쪽에 달하는 『나는 브라질로 간다』(비룡소)와 160쪽의 『희망의 슛을 쏴라, 아프리카 축구단』(미세기)을 읽어 냈다. 고학년 수준의 책을 중간에 포기하지 않고 재미있게 읽어 낸 경민이는 이후 독서에 자신감이 생겨 다른 책을 읽을 때도 예전만큼 힘들어하지 않게 되었다.

책읽기에서 실패와 좌절을 겪은 아이들은 독서를 점점 싫어하게 된다. 이때 부모는 아이에게 읽으라고 지시만 할 게 아니라 적절한 책과 읽을 시간을 제공해 주어야 한다. 그리고 끊임없이 격려해 주어 읽고 싶은 마음이 들게 해야 한다. 자아 효능감이 높은 아이는 저절로 만들어지지 않는다. 옆에서 "넌 잘할 수 있어. 자신감을 가지렴." 하고 격려하는 한편 성공적인 독서 경험을 통해 아이 스스로 느끼게 해야 한다.

환상과 현실이 결합된 이야기를 읽혀라

이 시기 아이들의 읽기 단계는 '동화기'에 속한다. 동화기란 그림책에서 벗어나 좀 더 긴 이야기글을 읽을 수 있는 시기라는 의미다. 그런데 문제는 그림책만 보던 아이에게 긴 이야기책을 주었을 때 처음부터 좋아할 아이는 많지 않다는 점이다. 이때 부모의 지도에 따라 독서 습관이 달라지기 때문에 부모의 적절한 지도가 무엇보다도 절실하다.

우선 끊임없이 동기를 부여해 줄 수 있어야 한다. 아이가 좋아하는 책을 몇 권 읽었다면 그리 좋아하지 않는 책도 사이사이 섞어 읽게 하자. 이럴 때 쿠키나 음료수를 준비하여 집 안 분위기를 북 카페처럼 만들어 보는 것도 좋다. 친구들을 초대해 북카페 놀이를 하는 것도 좋은 방법이다.

또 글자를 안다고 하여 내용을 모두 이해하는 게 아니기 때문에 책을 읽다가 어려운 말이 자꾸 나오면 싫증이 나기 마련이다. 다소 긴 글을 읽기 어려워한다면 부모가 읽어 주는 것도 좋은 방법이다. 아이들은 처음 몇 장을 읽어 내는 힘이 없다. 이야기책을 읽는 데 여러 차례 실패하게 되면 점차 이야기책 읽기와 멀어지게 된다. 즉 한 번이라도 책을 끝까지 읽어 본 경험이 중요한데, 스스로 읽기가 어려우니 한두 번은 부모가 읽어 주어 긴 이야기의 재미를 맛보게 할 필요가 있다.

『내 이름은 삐삐 롱스타킹』, 『엉뚱이 소피의 못 말리는 패션』, 『내 맘대로 일기』(꿈소담이), 『파스칼의 실수』(비룡소), 『막스와 모리츠』(소년한길), 『욕 시험』(보리), 『내 주머니 속의 괴물』(푸른숲주니어) 등은 즐거운 상상을 맘껏 펼치며 읽을 수 있는 책이다.

그림책에서 이야기책으로 넘어가는 시기의 아이들에게는 환상과 현실이 결합된 이야기가 좋다. 대표적인 것이 신화와 전설인데, 다소 긴 분량이라도 판타지 요소가 읽기 흥미를 불러일으켜 상상하는 즐거움이 동반되기 때문에 끝까지 읽을 수 있다.

이제까지 마법사와 마녀, 날아다니는 용 이야기에 젖어 있던 아이들은 단군신화를 비롯한 국가의 시조, 천지창조, 특정 마을의 전설 등을 알게 됨으로써 그동안 상상 속에서만 존재했던 것들이 점차 현실화되는 것을 경험하게 된다. 단군왕검이 제사를 드렸다는 참성단을 강화도 마니산에 가서 확인하고, 고분 벽화 속에 남아 있는 시조와 관련된 그림이나 유물 그리고 전설에 등장한 산과 바위 등을 보면서 이야기를 생생하게 느끼게 된다.

『하늘의 아들 단군』(푸른책들), 『오천 년 역사를 세운 시조 임금』(주니어RHK), 『우리 신화로 만나는 처음 세상 이야기』(토토북) 등 이런 이야기를 읽으면서 아이들은 재미와 감동을 받기도 하지만, 실제와 환상을 구분하는 눈을 갖게 된다. 거짓과 실제를 구분해 가며 읽는 재미는 책을 끝까지 읽게 하는 힘이 되어 준다.

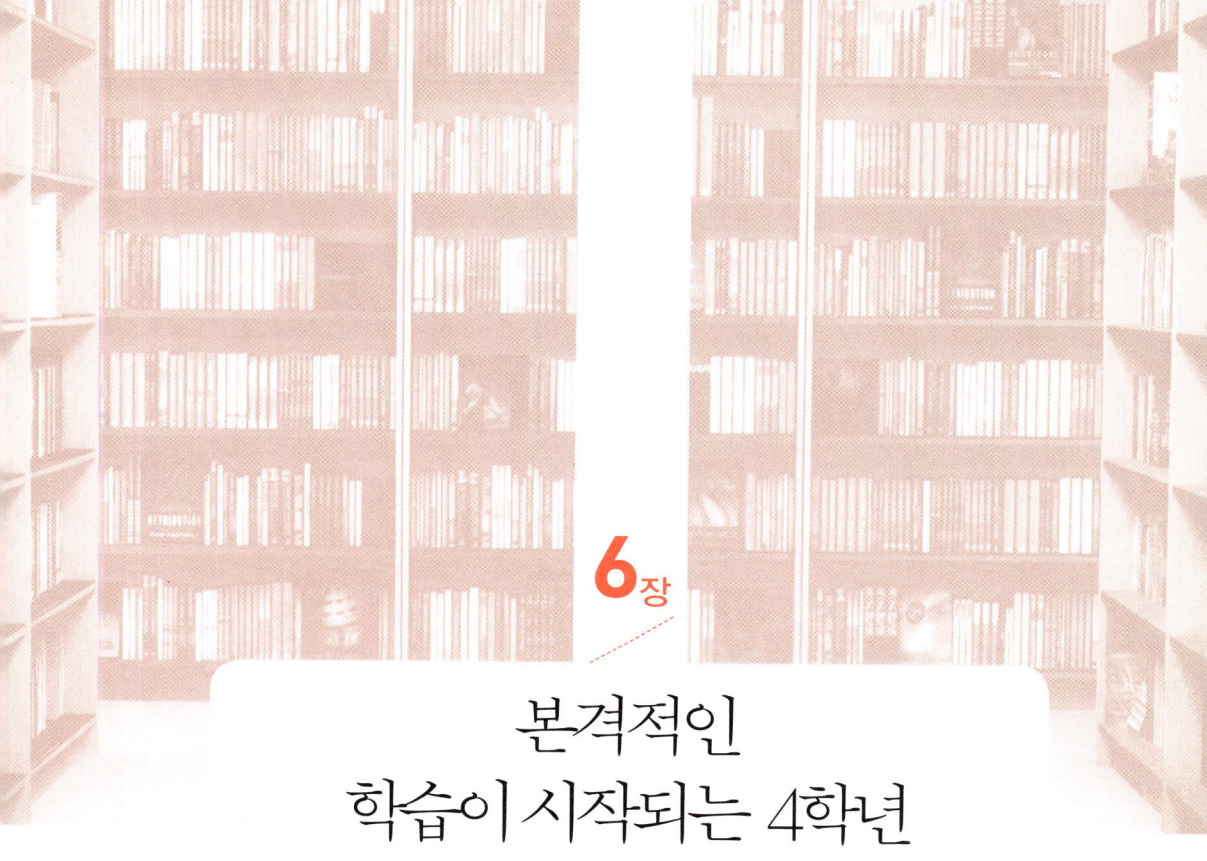

6장
본격적인 학습이 시작되는 4학년

본격적으로 학습이 시작되기 때문에 단순히 정보를 얻는 책읽기에서 벗어나 생각하는 힘을 기르는 책읽기로 넘어가야 하는 시기다. 부모는 다양한 사회의 모습을 소개한 책을 통해 새로운 시각을 제시해 줘야 한다. 또 스스로 어떤 책을 읽을 것인지, 왜 읽을 것인지 계획할 수 있는 힘을 길러 줘야 한다.

4학년 적기 독서법

아이와 책을 읽고 이야기를 나눠라!

이 시기 아이들은 무엇이든 받아들일 준비가 되어 있으며
논리적이고 비판적인 사고가 조금씩 싹 트고 있다.
아직은 스스로 생각하는 것이 힘든 만큼 다양한 생각을 해볼 수 있도록
책을 읽은 뒤 아이와 자연스럽게 대화를 나눌 필요가 있다.
사춘기로 조금씩 멀어지는 아이와 마음을 나누는 시간이 되기도 한다.

독서력을 높일 수 있는 절호의 시기

4학년 아이들은 이제 제법 학교생활도 능숙해지고 새 친구를 사귀는 데도 별 어려움이 없다. 자기 할 일도 제법 알아서 잘해 부모의 도움을 예전만큼 받지 않아도 된다. 생활이 전반적으로 안정되면서 책 읽기에 아주 적합한 환경이 된다. 4학년은 독서력을 높일 수 있는 절호의 시기인 것이다.

이제까지 여러 다양한 책을 접해 본 아이들은 자신이 좋아하는 장르가 분명해진다. 이러한 관심의 차이에 따라 지식의 편차도 심해지기 때문에 좋아하고 싫어하는 과목이 3학년 때보다 뚜렷하게 구분된다. 잘하지 못하는 과목이 생기면서 아이들은 자칫 "과학은 아무래도 내가 잘할 수 있는 과목이 아닌 것 같아." 혹은 "수학은 아무리 해도 안 돼." "사회가 이렇게나 어려운 과목인 줄 몰랐어." 심지어 "책읽기는 내 적성에 안 맞는 것 같아." 하는 등의 좌절감을 느끼곤 하는데, 이는 그 과목에 대한 열등감으로 이어지고 결국 공부마저 포기하게 만든다.

반대로 자신이 잘하는 과목만 공부하려는 경향을 보이면서 과학이나 수학을 좋아하는 아이, 사회와 역사를 좋아하는 아이로 나뉘기도 한다. 좋아하는 분야는 관련 도서를 적극적으로 찾아 읽으면서 더욱 깊은 지식을 갖게 되지만, 그렇지 않은 분야는 얕은 지식에 머물다가 결국 포기하게 된다.

따라서 지금까지는 읽고 싶은 책읽기로 독서 흥미를 북돋았다면, 이제부터는 흥미는 떨어지더라도 유익한 책을 읽어야 할 때다. 인내와 노력이 요구되므로 다양한 전략을 활용하여 효과적인 독서를 할 수 있도록 부모의 도움이 절실하다.

글의 구조를 알면 효율적인 독서가 가능하다

4학년부터는 독서 전략을 이해하고 연습해야 할 때다. 독서 전략이 몸에 익으면 독서의 목적에 따른 읽기를 자유자재로 할 수 있게 된다. 우선 비교적 쉽고 짧은 글로 이러한 독서 전략에 익숙해져야 한다.

글은 크게 문학과 비문학으로 구분 지을 수 있는데, 문학과 비문학은 글의 목적이 다르며 핵심을 파악하는 방법이 다르기 때문에 읽는 방법도 다르다.

문학 작품 읽기 전략

대개의 문학 작품은 다양한 성격을 가진 인물들을 중심으로 이야기가 전개되며, '발단-전개-위기-절정-결말'의 구조로 되어 있다. 인물들의 성격은 이야기 전개를 좌우하는 중요한 요소로, 문학 작품에서는 인물을 중심으로 어떤 일들이 펼쳐지는지 살펴보는 것이 가장 효율적이다. 인물의 모습이나 언행을 통해 성격을 파악하다 보면 다음에 이어질 내용을 예측해 볼 수 있으며, 전체 내용이 보다 뚜렷하고 생동감 있게 파악된다. 즉 문학은 '언제, 어디서, 누가, 무엇을, 어떻게, 했는지'를 생각하며 읽어야 한다.

〈개미와 베짱이〉를 예로 들어보자. 한 여름 뙤약볕 아래에서 개미는 열심히 일을 했지만, 베짱이는 노래 부르며 놀기만 했다. 베짱이는 일만 하는 개미를 한심하다고 놀려 댔지만 개미는 아랑곳하지 않고 열심히 일을 해 양식을 모았다. 날씨 좋은 날 놀기만 했던 베짱이는 겨울이 되자 모아 놓은 양식이 없어 굶어 죽을 위기에 처하고 할 수 없이 개미를 찾아가 도움을 요청한다. 개미는 측은지심에 베짱이에게 먹을 것을 나누어 준다.

이 이야기에서 개미와 베짱이는 서로 다른 가치관을 가졌다. 양식이 있는 여름에 열심히 저축을 해두면 추운 겨울을 편하게 지낼 수 있다고 생각한 개미와 지금 편히 쉬고 즐길 수 있는데 왜 고생을 하느냐며 미래 따윈 안중에 없는 베짱이를 통해 이야기를 풀어 가며 교훈을 준다.

짧은 이야기를 예로 들었지만 문학은 길이가 짧거나 길거나 글의 구조는 같다. 그래서 문학을 많이 읽은 아이는 글의 구조를 쉽게 파악하여 아무리 긴 내용의 이야기라도 어려움 없이 읽을 수 있다.

비문학 작품 읽기 전략

비문학은 문학과 완전히 다른 구조를 가지고 있다. 비문학 읽기 전략에는 여러 가지가 있지만, 가장 기본적인 핵심 전략은 '글의 구조를 따져 가며 읽기'와 '중심 내용을 찾아 가며 읽기'다.

글의 구조를 따져 가며 읽기

글의 구조를 따져 가며 읽기 위해서는 비문학의 글 구조를 먼저 알고 있어야 한다. 비문학은 주장과 근거를 중심으로 이야기를 해 나가거나 서로 대등한 정보들을 나열하는 등의 구조를 가진다.

보통 '서론-본론-결론'의 구조로 되어 있는데, 서론에서는 앞으로 이야기할 주제에 대한 배경 설명이나 관심을 유도하는 이야기들을 소개하고 본론을 통해 본격적으로 하고 싶은 이야기를 한다. 그리고 결론을 통해 주제에 대해 요약해 주는 구조다. 따라서 이 구조만 잘 파악해도 내용을 파악하는 데 아주 유용하다.

아름다운 우리말을 사용하여 주세요

거리를 걷다 보면 외국 말을 많이 볼 수 있다. '타임 스퀘어', '센트럴 파크'와 같은 간판을 만나기도 하고, '서머 페스티벌', '패션 월드' 등의 문구도 심심

찮게 볼 수 있다. 그만큼 외국 말이 일상생활 속에 많이 들어와 있다는 것을 실감하게 된다.

우리말에 적절한 낱말이 없어서 받아들인 경우도 있겠지만, 외국 말을 아무 생각 없이 섞어 쓸 때도 많다. 가게를 운영하는 사람이나 거리에 게시물을 붙이는 사람들이 어렵고 낯선 외국 말보다 아름다운 우리말을 살려 쓰면 좋겠다.

왜냐하면 외국 말로 표현된 문구를 우리말로 충분히 바꾸어 쓸 수 있기 때문이다. '타임 스퀘어'는 '시간 광장'으로, '센트럴 파크'는 '중앙 공원'으로, '서머 페스티벌'은 '여름 축제'로, '패션 월드'는 '옷 세상'으로 바꾸면 부르기도 쉽고 더 정겹다.

또 우리말 중에도 우리 생각을 표현할 수 있는 아름다운 말이 많기 때문이다. 예를 들면 '누리', '시나브로', '마루', '여우비', '도투락', '나비잠' 등은 잘 사용하지는 않지만 살려 쓸 만한 아름다운 우리말이다. 이런 말들은 느낌이 부드럽고 뜻을 쉽게 알 수 있어서 우리말의 아름다움을 살릴 수 있다. 거리에서 아름다운 우리말을 많이 볼 수 있으며 좋겠다.

— 4학년 1학기 「국어」 교과서 중

이는 근거를 제시하여 주장하는 글이다. 글쓴이는 2문단에서 "아름다운 우리말을 살려 쓰자."는 주장을 하고 있다. 그러기 위해 3문단에서 외국 말로 표현된 문구를 우리말로 바꾸어 쓰면 부르기 쉽고 정겹다고 말하며 4문단에서 우리 생각을 표현하는 말을 예로 들며 우리말의 아름다움을 살릴 수 있다고 강조한다.

다음 글은 다양한 정보를 나열하는 구조다. 이런 글은 설명하는 정보를 하나도 빠짐없이 찾아내야 한다.

> 씨름은 샅바를 어느 쪽 넓적다리에 두르느냐에 따라 왼씨름과 오른씨름으로 구분합니다. 왼씨름은 샅바를 오른쪽 넓적다리에 두르고 왼손으로 상대방의 샅바를 쥐며 오른쪽 어깨를 대고 하는 씨름을 말합니다. 오른씨름은 왼씨름과 반대로 하는 씨름입니다. 왼씨름은 주로 함경, 평안, 황해, 경상, 강원, 충청 지방에서 행하여졌고, 오른씨름은 경기와 전라 지방에서 행하여진 경기 방식이라고 합니다.
>
> 이 밖에 띠씨름이라는 것이 있습니다. 띠씨름은 허리에 두른 띠를 잡고 경기를 하는 것으로, 지방에서는 허리씨름 또는 통씨름이라고도 부릅니다. 띠씨름은 과거에 많이 행하여진 경기 방식입니다.
>
> — 4학년 1학기 『국어』 교과서 중

씨름의 종류는 왼씨름, 오른씨름, 띠씨름이 있으며 각각의 씨름이 행하여지는 지방을 알려 주고 있는 글이다.

중심 내용을 찾아 가며 읽기

'중심어'는 글에서 가장 중요한 내용을 담고 있는 낱말이다. 중심어는 중심내용을 파악하는 데 아주 중요한 역할을 하며 글 전체의 내용을 이해하는 바탕이 된다. 따라서 글에서 자주 반복되는 비슷한 낱말이 있다면 그 낱말이 중심어일 확률이 크다. 또 중심어가 속한 문장이 '중심 내용'인 경우가 많다. 간혹 중심 문장이 없는 경우도 있으니 그럴 때는 중심어를 설명하는 문장을 찾으면 된다.

> 천연자원은 우리가 필요한 물건을 만들 때에 이용하는 물질이다. 지구의 자원 중에서 대부분은 양이 정해져 있어 한번 써버리고 나면 다시 사용할 수 없다.
>
> 식사를 한 끼 준비하려면 식품, 물, 냄비, 수저, 연료들이 필요하다. 식품과 물은 물론, 냄비와 같은 조리 도구를 만드는 금속, 천연가스와 같은 연료도 모두 자원이다. 이것들은 지구에서 자연 상태로 발견되므로 천연자원이라고 한다. 쉽게 접하는 천연자원으로는 금속, 물, 에너지 등이 있다.
>
> — 4학년 1학기 『국어』 교과서 중

위 문장에서는 천연자원이란 말이 3번 등장한다. 천연자연이 중심어임을 알 수 있다. 중심어가 속한 문장들을 통해 "천연자원은 자연 상태로 발견되는 물질로 우리가 필요한 물건을 만들 때 이용하며, 식품, 금속, 물, 천연가

스와 같은 연료 등이 있다."가 중심 내용임을 알 수 있다.

여러 차례 반복하여 연습하다 보면 그동안 막연하게 글을 읽던 아이가 중심어와 중심 내용을 머릿속으로 되뇌이며 글을 읽게 된다. 자연히 글 읽는 속도가 빨라지고 글의 내용을 쉽게 파악하게 된다.

이렇게 글의 종류에 따라 구조가 다르며, 그 구조만 알아도 읽기가 한결 수월해진다. 여기서 우리가 알 수 있는 것은 독서 편식에 대한 오해다. 흔히 독서 편식은 자신의 관심거리만 읽기 때문에 생기는 것이라 생각하는데 반드시 그런 것은 아니다. 글의 구조로 인한 독서 편식도 있다는 점이다. 즉 문학만 읽는 아이, 혹은 비문학만 읽는 아이가 생기는 까닭은 글의 구조에 대한 스키마가 형성되어 있기 때문이다. 스키마가 형성되어 있다는 말은 익숙하다는 말이다. 다시 말해 동화만 읽는 아이는 이야기글의 구조가 익숙하기 때문이다. 따라서 어릴 적부터 문학과 비문학을 골고루 읽혀 다양한 글의 구조를 맛보게 하는 것이 독서 편식을 예방하는 또 하나의 방법이다.

성(性)이 궁금해지는 나이, 정확히 알려 줘라

이제까지 남녀 구분 없이 놀던 아이들은 어느새 동성 친구들하고만 어울리려는 모습을 보인다. 조금씩 이성에 대한 호기심이 생기고 있는 것이다. 그렇다고 이성에 대해 새로운 감정을 느끼는 것은 아니다. 그저 자신과 다른데, 어떻게 다른지, 왜 다른지를 알지 못해 성에 관한 호기심이 아주 가득하다.

엄마는 아빠랑 언제 뽀뽀했는지, 남녀가 키스를 할 때 어떤 느낌이 드는지, 어떻게 만나 결혼하였는지 등 궁금한 것투성이다. 이때 아이들에게 어영부영 알려 주기보다 정확하게 알려 주는 게 좋다. 특히 성(性)에 대해서는 분명하게 알려 줘야 한다.

『나도 엄마 배 속에 있었어요?』(풀빛)는 초등학생을 위한 첫 번째 성교육

책이라 할 수 있으며 성에 대해 적나라하게 소개한다. 『사춘기는 다 그래!』(다림)는 사춘기에 일어나는 심신의 변화와 성에 대한 이야기를 다루고 있다. 사춘기는 아이에서 어른으로 성장하기 위한 아주 자연스러운 과정임을 일깨워 주는 책이다. 이성에 대한 호기심을 재미있는 동화로 엮은 책들도 좋다. 『고추가 작아요』(문학수첩 리틀북스)는 자신의 몸과 이성에 대한 호기심을 주제로 한 이야기로 어른이 되면 아빠처럼 고추가 커질 수 있을지 고민하는 남자아이의 심리를 잘 반영한 책이며, 『루카-루카』(풀빛)는 사춘기 소녀의 첫사랑 이야기로 읽다 보면 설레고 즐거운 기분마저 드는 작품이다. 『멋진 내 남자친구』(계림북스)는 이성에 눈뜬 아이들의 공감을 불러일으키고, 『첫사랑 진행 중』(보림)은 우정과 사랑 사이 펼쳐지는 교묘한 심리전을 담고 있다.

아이에게 성교육을 할 때 부모가 성에 대해 부끄러워하거나 숨기려고 해서는 안 된다. 자칫 성에 대해 잘못된 생각을 가지게 할 수 있기 때문이다. 아직까지 부모가 직접 성교육하는 것을 민망하게 여기는 분들이 많은데, 끊임없이 성적인 문제(이른 성 경험, 성폭력 등)들이 불거지고 있는 만큼 아이들이 성에 대해 올바르고 긍정적인 생각을 가질 수 있도록 돕는 한편 성폭력 대처법에 대해 충분히 가르쳐 줘야 한다.

지시와 명령은 대화가 아니다

"평소 아이와 대화를 많이 하나요? 무슨 이야기를 나누나요?"

고학년 아이를 둔 부모에게 자주 하는 질문이다. 이 시기 아이들에게 평소 부모와 어떤 대화를 하느냐고 물으면, 인상을 찡그리며 "엄마, 아빠는 잔소리만 해요!" 하고 대답한다. 무슨 말인가 했더니 "얼른 일어나라."로 시작하여 "밥 먹어라." "공부해라." "숙제해라." "게임 그만해라." "빨리 자라."로 끝난다는 것이다.

혹시 뜨끔하다면, 지시와 명령을 대화라고 착각하고 있지는 않은지 되돌아보자. 물론 아이들 탓도 있다. 부모가 "오늘은 뭐 했니?" "친구랑은 잘 놀았니?" 하고 물어보면 신 나서 대답했던 아이들이 사춘기에 접어들면서 "그냥 늘 똑같죠." "학교 가고 학원 가고 그랬어요."와 같이 성의 없이 대답한다.

사실 아이들의 일상은 매일 비슷하니 아이들의 대답이 틀린 것도 아니다. 하지만 이런 대화가 지속되면 아이가 커갈수록 부모와 공감대가 형성되지 못할 가능성이 높다. 이럴 때 부모와 아이의 소통을 돕는 데 독서 토의만큼 좋은 게 없다. 같은 책을 읽고 서로의 느낀 점을 이야기하거나 새롭게 알게 된 사실을 진지하게 이야기 나누다 보면 자연스럽게 아이의 생각을 알게 된다.

독서 토의는 서로에게 이야깃거리를 제공하기도 하지만 책을 대충 읽는 아이에게는 생각하며 읽는 습관을 가져다주고 오독을 방지하는 효과도 있다.

영화나 드라마를 보고 줄거리를 이야기하는 것처럼 책을 읽은 뒤 가장 재미있었던 부분, 감명 깊은 장면을 이야기하면 된다. 사실 책을 읽은 뒤 줄거리를 이야기하는 것은 쉽지 않다. 시작점을 어디로 정해야 할지 쉽게 결정하기 어렵기 때문이다. 주인공의 성격부터 이야기하는 아이가 있는가 하면, 배경을 먼저 얘기하거나 사건의 특징을 먼저 이야기하는 아이가 있기 마련이다. 따라서 줄거리를 이야기할 때는 인내심을 갖고 끝까지 들어 주도록 한다.

특히 아이의 이야기가 마음에 들지 않는다고 하여 아이의 말허리를 끊고 생각을 고쳐 주려 하거나 비판을 해서는 안 된다. 일단 끝까지 잘 들어 주자. 그리고 "아, 그래서? 주인공은 어떻게 됐는데?" 하며 긍정적인 관심을 보이면서 다음 이야기를 잘 이끌어 갈 수 있도록 도와야 한다.

이렇게 독서 토의를 하려면 부모도 반드시 책을 읽어야 한다. 아이가 모를 것이라 생각해서 읽었다는 거짓말을 해서는 안 된다. 금세 눈치를 채기 때문에 부모의 거짓말은 신뢰를 떨어뜨린다. 만약 읽지 못했다면 사실대로 이야기한 뒤 아이에게 알려 달라고 하는 편이 훨씬 낫다. 그럴 때는 엄마도 읽지 않은 책을 끝까지 읽은 네가 자랑스럽다고 격려해 주는 것을 잊지 말아야 하며, 아이의 말에 더욱 주의를 기울여 경청해야 한다. 이는 아이에게 엄청난 독서 성취감과 자신감을 선사한다.

아이와의 독서 토의는 독서 습관을 만들어 줄 뿐 아니라 의사소통능력을 향상시켜 발표력이 좋아지는 효과가 있다. 또 아이와 독서 토의를 할 때는 집안 분위기에도 신경을 쓰면 좋다. 조명 하나만 더 켜도 분위기가 훨씬 부드러워진다. 탁자 위에 차와 과자를 놓아 두면 아이들은 존중받는 느낌을 받는다. 카페와 같은 분위기로 만들어도 좋지만 분위기를 만드는 데 지나치게 신경을 쓰기보다는 이야기를 자연스럽게 나눌 수 있는 열린 마음이 더 중요하다.

모든 교과 공부의 바탕, 학습 독서가 중요해진다

독서는 막연히 공부를 돕는 수단이 아니라, 모든 교과 공부에 활용된다. 모든 학습은 듣기(수업)와 읽기로 이루어지기 때문이다.

초등학교 저학년 때까지 글 읽는 방법(learning to read)을 배웠다면 고학년부터는 학습 독서기로 학습을 위해 읽는 단계(reading to learn)다.

공부를 잘하고 못하고는 학습 기능을 얼마나 잘 활용하느냐에 따라 좌우된다. 학습 기능이란 책에서 중요한 정보를 찾는 능력, 크고 작은 정보를 조직화하는 능력, 그림이나 도표, 그래프, 지도를 잘 해석하고 이용할 줄 아는 능력, 다른 교과목과 연계할 줄 아는 능력이다. 곧 학습 독서의 효율은 학습 기능을 얼마나 잘 활용할 수 있는지에 따라 다르게 나타난다.

학습 독서의 목적은 '스스로 생각하는 힘'이다

학습 독서라고 하면 많은 부모가 지식정보책을 통해 지식을 습득하는 것이라고 착각한다. 물론 틀린 말은 아니다. 하지만 여기에서 머문다면 주입식 교육과 다를 바가 무엇이겠는가. 가장 중요한 것은 스스로 생각하는 훈련이다. 이는 책에서 얻은 지식을 응용하고 활용하는 힘이 된다.

영석이가 아직 어렸을 때 책에 있는 지식을 말하자 부모와 주변 어른들의 칭찬이 끊이지 않았다. 아이는 더욱 열을 올려 책 안의 지식을 외웠고 그 결과 영석이는 학교에서 발표도 잘하고, 똑똑한 아이로 불렸다. 문제는 고학년이 되면서 드러났다. 다양한 배경지식을 바탕으로 추론하고 비판하는 능력을 요구할 때조차 영석이는 교과서에 있는 지식을 나열하는 것에서 벗어나지 못했다. 지식을 그대로 암기하는 독서만 해온 나머지 이를 활용하여 생각을 전개하는 능력은 키우지 못한 것이었다.

영석이의 사례로 알 수 있듯이 생각하며 읽는 습관은 아주 중요하다. 어릴 때부터 부모가 그림책을 읽어 주거나 옛이야기를 들려주게 되면 생각하는 능력이 향상된다. 사소한 일 같아도 아이의 사고력을 키우는 아주 중요한 시발점이다.

깊이 생각하며 읽는 방법의 기본은 크게 두 가지로 집약되는데 읽다가 모르는 말이 나오면 적극적으로 묻거나 찾아서라도 알고자 하며, 원리나 개념이 이해되지 않을 때 "왜 그럴까?" 하는 의문을 갖는 일이다. 특히 의문을 갖는 일이 매우 중요한데, 책 내용을 무조건 믿지 말라는 의미다.

또 책에서 습득한 지식을 가족이나 친구들에게 이야기해 보는 것도 좋다. 특히 책에서 읽은 내용을 요약하여 설명해 보거나 글로 써보는 일은 사고력을 확장하는 가장 좋은 방법이다. 이처럼 책 내용을 일방적으로 수용하는 것이 아니라, 내 지식의 도구로 활용하는 능동적인 독서법을 가르쳐 줘야 한다.

아이의 호기심을 자극하며 읽어 주어라

읽어 주기의 효과는 지식정보책 읽기에서도 발휘된다. "4학년 아이에게 읽어 주라니요?" 하고 놀라는 부모도 있을 것이다. 하지만 앞에서도 말했듯이 읽어 주기는 기한이 정해져 있지 않다. 아이가 원할 때, 아이에게 필요할 때, 언제든지 읽어 줘야 한다. 하지만 지식정보책은 내용상 금방 지루해질 수 있으므로 부모의 과거 경험을 들려줌으로써 아이의 호기심을 자극하면 좋다.

어느 날 혜진이가 찾아와 "선생님, 복숭아는 불을 끄고 먹어야 한대요." 하는 것이었다. 아이들에게는 낯선 얘긴데 어떻게 알았냐고 묻자 "며칠 전에 엄마가 『지도로 만나는 우리 땅 친구들』을 읽어 줬어요. 지역 특산물 이야기가 나오자 엄마가 엄마 고향은 복숭아가 많이 난대요. 그러더니 엄마가 어렸을 적에 집 안의 불을 모두 끄고 복숭아를 먹다가 자고 있던 이모를 밟아 난리가 났었다는 거예요. 웃기죠? 히히. 근데 왜 불을 끄고 먹었는지 모르겠는 거예요. 엄마한테 물어보니 복숭아벌레를 먹어야 예뻐지는데, 밝으면 징그러워서 못 먹으니 깜깜할 때 먹는 거래요. 진짜 신기한 거 있죠. 헤헤."

이처럼 부모가 자신의 경험을 덧붙여 이야기를 들려주면 아이는 책에서 얻은 정보를 더 정확히 이해하고 오래 기억하게 된다. 이뿐만 아니라 부모에게 친근함을 느끼게 된다.

사회 현상을 바라보는 가치관이 형성된다

이 무렵 아이들의 눈과 귀는 아주 총명하다. 세상의 그 어떤 것들도 받아들일 준비가 돼 있다. 이럴 때 우리 사회의 다양한 모습을 담고 있는 책으로 지식을 넓혀 주면 좋다.

장애, 입양, 인권, 다문화 가정, 기부, 환경 오염, 유전자 조작과 같은 주제는 배워야 알 수 있는 주제다. 사회 현상을 아는 것은 사회 구성원으로서 당연한 권리이며, 사회 현상을 바라보는 시각은 가치관 형성과 밀접한 관련이 있기 때문에 논리적이고 비판적인 사고의 싹이 트는 4학년 때부터 조금씩 익힐 필요가 있다.

사실 사회 현상을 다룬 작품을 읽고 나면 이야기 나눌 게 많다(사회 현상 작품 읽기는 5학년 아이들에게 가장 필요한 활동으로, 이에 대한 방법은 5학년 때

다시 소개하고자 한다.). 하지만 이러한 주제는 어떻게 접근하여 지도해야 할지 부담스럽다. 이처럼 무거운 주제는 지식책으로 접근하는 것보다 비교적 가볍게 읽을 수 있는 동화책으로 시작하는 것이 좋다.

장애의 의미는 '나와 다름'이 아니에요

우선 장애를 주제로 한 작품으로 『장애 너는 누구니?』(산하), 『가방 들어주는 아이』(사계절), 『경찰 오토바이가 오지 않던 날』(사계절), 『안내견 탄실이』(대교출판) 등이 있다. 모두 고정욱 작가의 작품이다. 작가 자신이 1급 장애를 극복하고 베스트셀러 작가가 된 것만으로도 아이들에게 교훈이 되지만, 무엇보다 이들 책을 통해 장애인을 편애하는 우리 사회의 모순된 모습을 정확하게 바라볼 수 있다. 또 이동이 불편하다는 이유만으로 교육을 받지 못하거나 문화를 누릴 수 없는 경우가 많은데, 이러한 문제를 해결할 수 있는 방법을 찾아볼 수 있다. 이런 작품을 읽은 뒤 장애와 비장애의 차이점이 무엇인지 혹은 장애인 이동권 문제가 무엇인지, 어떤 차별을 받고 있는지, 그 대책은 무엇인지 논의해 볼 수 있다.

이 밖에도 『경민이의 아주 특별한 친구』(북스토리아이), 『꿈꾸는 토르소맨』(글담어린이), 『내게는 소리를 듣지 못하는 여동생이 있습니다』(웅진주니어), 『잠옷 파티』(시공주니어), 『이안의 산책』(큰북작은북) 등의 책이 읽으며, 장애인이지만 신체의 한계를 극복하고 성공한 스티븐 호킹과 헬렌 켈러, 점자를 완성한 루이 브라이, 김기창 화백과 음악가 베토벤 등의 인물 이야기도 함께 읽으면 더욱 좋다.

🔴 지구의 주인은 우리가 아니에요

아이들이 좋아하는 주제이면서 평소 접하기 힘든 것이 '환경' 이야기다. 과학 지식책으로 환경의 중요성과 문제를 알아볼 수도 있겠지만, 문학 작품을 통해 환경 문제로 인한 생태계 불균형의 원인과 결과 그리고 해결책을 찾아볼 수 있다. 『하늘로 날아간 집오리』(창비)와 『행복해져라 너구리』(파랑새어린이)와 같은 책이 적당하다. 『시튼 동물기1~5』(논장)는 야생 동물을 보호해야 하는 인간의 의무를 넘어서 동물의 권리를 알려 주는 책이다. 환경 보호에 힘쓰는 사람들 이야기를 담은 『환경을 지키는 영웅들』(아이앤북)과 함께 읽으면서 부족한 지식을 채울 수 있다.

🔴 동물을 키우는 행위는 책임감을 동반해요

동물을 함부로 버리거나 취급하는 사람들로 인해 사회적 문제가 발생하고 있는 만큼, 반려 동물에 대한 의식을 높여 주는 책도 권하고 싶다. 스테디셀러 가운데 『돌아온 진돗개 백구』(대교출판)와 『머피와 두칠이』(지식산업사)는 두고두고 봐도 좋을 아름다운 이야기다. 『건방진 도도군』(비룡소), 『세 친구의 머나먼 길』(시공주니어)과 같은 책을 읽은 뒤 반려 동물을 키우기 전에 반드시 지켜야 할 점과 생명 존중의 중요성에 대해 이야기해 볼 수 있다. 또 『자존심』(창비)은 동물을 인간의 소유물로 여겨 함부로 구박하고 무시하는 우리들의 경솔함을 반성케 하고 『환경을 생각하는 개똥클럽』(바람의아이들)은 환경을 오염시키는 개똥을 치우는 클럽을 만들게 된 아이들의 좌충우돌 이야기로 개를 키우는 일은 곧 책임을 지는 일임을 시사하고 있다.

🔴 가족의 형태는 다양해요

입양에 대한 이해를 돕는 책으로는 『열세 살에 만난 엄마』(대교출판)가 있다. 미국으로 입양 간 제니가 정체성 혼란을 겪게 되자 한국인으로서의 뿌리를 찾아 주려는 양부모와 친구의 노력으로 현실을 받아들이고 한국인 엄마를 찾는 과정을 그린 작품이다. 『파란 눈의 내 동생』(문공사)은 입양되어 온 형제자매를 받아들이는 가족의 심정을 그린 작품이다. 『내 가슴에 해마가 산다』(문학동네어린이)는 입양으로 맺어진 가족이 마음 깊숙이 온전한 가족으로 자리 잡기까지 겪는 갈등과 이를 극복하는 모습을 그린 작품이다. 이런 책을 읽고 입양이 무엇인지, 왜 공개 입양이 필요한지 등을 이야기해 봄으로써 우리 사회에는 혈연으로 맺어진 가족 외에도 여러 형태의 가족이 있다는 것을 알려 줄 수 있다.

이 밖에도 기부, 나눔, 올바른 돈의 의미를 알려 주는 『아름다운 부자 이야기』(현문미디어), 『아름다운 위인전』(한겨레아이들), 『구본형 아저씨, 착한 돈이 뭐예요?』(토토북), 독도를 소재로 한 『독도를 지키는 사람들』(사계절), 폭력에 대항하는 용기와 평화의 절실함을 보여 주는 『안 돼!』(시공주니어)와 『우리 마을에 전쟁이 났어요』(맑은 가람), 흑인의 인권을 다룬 『사라, 버스를 타다』(사계절)와 『헨리의 자유 상자』(뜨인돌어린이)도 의미 있는 책들이다.

다양한 사회 문제를 다룬 책은 아이들에게 우리 사회에 대한 인식의 폭을 넓혀 가치관을 형성하는 데 도움을 준다. 또 자신의 문제와 관련지어 미래의 모습을 상상하는 데 도움이 된다.

다시 그림책 읽기부터 시작하라

앞에서 2학년 아이들이 만화에 빠지기 쉽다고 하였는데, 사실 그 문제가 가장 도드라지는 학년이 바로 4학년이다. 그림책 위주의 독서에서 벗어나 본격적인 활자 위주의 독서를 할 시기이지만 여전히 만화는 떨쳐 버릴 수 없는 유혹이다. 평소 대충 읽는 습관에 젖었던 아이들에게 만화가 주는 시각적 효과는 아주 매력적이다.

   만화는 장면이 한눈에 들어오도록 편집되어 있다. 한 쪽에 담겨 있는 내용도 얼마 되지 않는다. 짧은 대사와 자극적인 그림으로 이루어져 있기 때문에 대충 훑어봐도 내용을 이해할 수 있다. 따라서 책 읽는 속도가 일반 책보다 훨씬 빠르다. 이런 만화에 익숙해진 아이들은 책을 읽을 때도 눈에 띄는 글자만 보는 등 꼼꼼하게 읽으려 하지 않는다.

따라서 아이가 4학년이 되었는데도 여전히 만화만 읽으려 한다면, 반드시 바로 잡아 줘야 한다. 이때 아이만 다그칠 것이 아니라 다음 사항을 점검해 볼 필요가 있다.

4학년이 되어서도 만화 위주로 책을 보는 아이들은 대개 어려서 충분히 그림책을 읽지 못한 경우가 많다. 그림책 읽기를 통해 문자를 이미지화하는 연습을 제대로 하지 못해 활자로 된 책을 이해하지 못하는 것이다. 그러다 보니 자연히 그림 있는 책만 찾게 되고, 결국 만화에 빠지게 되는 것이다. 만약 이것이 문제라면 다시 그림책 읽기부터 시작해야 한다.

그런데 만화 가운데에도 좋은 작품은 어른이고 아이고 할 것 없이 깊은 감동을 준다. 또 만화가 주는 시각적 효과가 감동을 더해 준다.

『개를 기르다』(청년사)와 『나비가 없는 세상』(책공장더불어)은 각각 개와 고양이를 소재로 한 이야기로 반려 동물의 의미를 되새기게 한다. 보는 내내 눈물과 미소가 어리는 책으로, 부모와 아이가 함께 보면서 만화의 매력에 빠져 보기를 권하고 싶다.

『캄펑의 개구쟁이 1, 2』(꿈틀)는 말레이시아 어린이들의 생활을 소재로 한 흑백 그림책과 같은 만화다. 이슬람문화 및 아이들의 놀이와 학교생활을 이해할 수 있는 자료가 된다. 아이들은 우리나라와 환경이 다른 말레이시아의 이국적인 분위기를 접할 수 있다.

『태일이 1~5』(돌베개)는 전태일의 삶을 표현한 작품으로, 아이들은 이 책을 통해 70년대 동대문 피복 공장 노동자들의 삶과 함께 산업화와 도시화의 이면을 엿볼 수 있다.

아이의 모험 심리를 대리만족시켜라

아이들은 또래와 어울려 다니며 클럽을 형성하기도 하고, 팀을 이루어 축구와 같은 운동을 즐기기도 하며, 부모 없이 친구들과 야구 관람을 가기도 하는데 이때 함께 다녀온 친구들은 자기들끼리 대단한 일이라도 한 것처럼 전보다 더 똘똘 뭉친다. 이는 이 시기에 나타나는 모험 심리, 영웅 심리가 작용하기 때문이다.

아이들은 스릴 넘치는 모험을 좋아한다. 하지만 현실적으로 불가능한 일이거나 부모님의 잔소리에 못 이겨 실행하지 못할 뿐이다. 따라서 책읽기를 통한 간접 경험은 대리만족을 선사하고, 언젠가는 꼭 해보리라는 기대감을 갖게 한다.

이럴 때 권해 주면 좋은 책으로 〈15소년 표류기〉, 〈보물섬〉, 〈해저 2만 리〉,

〈로빈 후드〉, 〈꿀벌 마야의 모험〉, 〈라스무스와 방랑자〉, 〈잔디 숲속의 이쁜이〉, 〈허클베리 핀의 모험〉, 〈로빈슨 크루소〉, 〈피노키오의 모험〉 등이 있다.

담력 시험을 거쳐야만 들어갈 수 있는 '악어 클럽'에서 벌어지는 이야기를 소개한 『악어 클럽』(창비)을 비롯하여 『나의 산에서』(비룡소), 『49일간의 비밀』(문원), 『사자왕 형제의 모험』(창비), 『이 배는 지옥행』(보물창고), 『에밀과 탐정들』(시공주니어), 『클로디아의 비밀』(비룡소)도 이 또래 아이들의 모험심을 충족시켜 주고 또래 아이들의 심리를 대변해 주는 좋은 책들이다.

학년이 올라갈수록 상위인지능력이 중요해진다

4학년이 되었다면 스스로 어떤 책을 읽을 것인지, 왜 읽을 것인지를 계획할 줄 알아야 한다. 이러한 능력이 바로 상위인지능력인데, 이는 스스로 책을 읽는(자기 주도 독서) 아이로 키우기 위해 꼭 필요한 능력이다.

그렇다면 상위인지능력이란 무엇인가? 상위인지를 초인지(meta-cognition)라고도 하는데, '무엇을 아는지 모르는지를 아는 능력'을 뜻한다. 상위인지능력은 책을 읽을 때 무엇을 아는지 모르는지를 인식하고, 나아가 어떤 방법으로 궁금증을 해소할 수 있는지 파악하여 문제를 해결하는 과정을 반복함으로써 습득할 수 있다.

학년이 올라갈수록 아이가 점점 더 많은 정보와 지식을 접하게 되는 만큼, 상위인지능력은 반드시 키워 줘야 한다. 끊임없이 새로운 지식과 정보를 받아들여야 하는 지식정보화 사회를 살아가기 위해서라도 꼭 필요한 능력이라고 할 수 있다.

보통 상위인지능력은 초등학교 3, 4학년 무렵에야 서서히 발달하기 시작한다. 저학년 때까지는 주어진 정보를 이해하고 받아들이는 정도에 머물렀다면 이제는 그동안의 경험과 지식을 바탕으로 더 많은 것을 알려면 어떤 책을 읽어야 하는지, 그밖에 어떤 방법이 있는지 등 자신이 가진 능력을 최대한 발휘해 문제를 해결해 나가야 한다.

『국어』 교과서에 사전의 종류와 사전 찾는 방법이 나오는 것도 상위인지능력 계발과 관련이 깊다. 1학기 교과서에는 '제비'에 대해 궁금한 것이 있을 때 어떤 사전으로 조사해야 하는지, 그리고 제비에 관해 필요한 정보를 찾는 다양한 방법을 알려 준다. 또 2학기 교과서에는 글을 이해하기 위한 사전 활용법이 나온다. 이처럼 책을 읽거나 공부를 하다가 모르는 것이 나오면 사전을 통해 필요한 정보를 찾는 방법을 가르쳐 준다.

하지만 학교에만 의존하면 상위인지능력을 충분히 습득하지 못하므로, 가정에서 신경을 써줘야 한다.

독서는 상위인지능력을 향상시키는 가장 효율적인 수단이다. 특히 문학작품 읽기는 상위인지능력을 저절로 키워 주는 좋은 도구다. 문학은 1인칭 주인공 시점을 제외하면 대부분 전지적 작가 시점(3인칭)이다. 등장인물의 모습을 비롯하여 심리와 행동까지 자세히 서술하고 있는 이야기는 상위인지능력을 키우는 데 매우 효과적이다. 인물들 간의 갈등을 보면서 "어, 이렇게 하면 되는데, 왜 그걸 모르지?" 하는 생각을 갖게 되고, "아, 왜 저 아이만 모르는 거야?" 하며 안타까워하고, "와아, 문제를 해결할 수 있는 좋은 방법이 떠올랐는데 도대체 애들은 언제나 그걸 알게 될까?" 하는 생각을 갖게 된다. 즉 독자로 하여금 인물과 사건과의 관계를 객관적인 시각에서 바라보면서 문제 해결의 방법을 고민하게 한다. 이 과정에서 상위인지능력이 향상된다. 생활동화도 좋고 명작도 좋다.

전집처럼 다양한 주제를 소개하는 책도 상위인지능력을 향상시키는 데 도움이 된다. 이를 위해 무언가 특별한 방법이 필요한 것은 아니다. 전집을 읽다 보면 아이들은 저절로 "어? 이거 지난 번 사회 시간에 배운 건데." "응? 나 이 사람 아는데! 엄청 곤충 좋아하는 사람이었어!" 하고 수업 시간에 배운 내용이나 예전에 읽은 도서 내용을 떠올리게 된다. 이때 스스로 다시 찾아봐야겠다고 생각하는 아이도 있겠지만, 그렇지 않을 경우에는 "그래? 그럼 어디에서 읽었는지 엄마랑 한번 찾아볼까?" 하며 유도해 보자.

이런 경험이 한두 번 쌓이게 되면 책을 읽거나 공부를 하다가 모르는 내용이 나왔을 때 부모나 선생님에게 묻기보다 스스로 사전이나 책에서 관련 정보를 찾아보려고 노력하게 된다. 자기 주도적 읽기 습관이 몸에 배는 것이다.

아이에게 세상의 수많은 지식을 효율적으로 활용하는 방법을 가르쳐 주는 일은 대단히 중요하다. 수많은 정보에 노출되는 요즘 그 정보를 어떻게 활용하느냐에 따라 독이 될 수도 약이 될 수도 있기 때문이다. 특히 인터넷에서 얻게 되는 정보는 단편적이며 한계가 있다. 따라서 인터넷이 아닌 책을 통해 호기심을 충족하고 필요한 정보를 얻는 습관을 가질 수 있도록 신경 써줘야 한다.

추상어에 강한 아이로 키워라

4학년은 묵독이 안정기에 접어드는 시기다. 묵독은 음독에 비해 집중력이 높아져 읽는 속도가 점점 빨라진다. 또 생각하며 읽을 수 있어서 읽는 재미를 느낄 수 있을 뿐 아니라 이해력이 높아진다. 그래서 무의식적으로 글 읽기에 대한 즐거움을 느끼곤 한다.

반면에 교과서나 책에서 한자어와 추상어가 많아지면서 어휘력의 부족으로 흥미 위주의 독서에만 머물러 있는 아이가 생기곤 한다. 추상어에 대한 개념이 잡혀 가는 시기인 만큼 이를 정확히 습득할 수 있도록 도와줘야 한다.

아이들은 평소 '사랑하다', '행복하다', '차별 없는 평등한 세상' 등 다양한 추상어를 접하고 살지만 대략 맥락을 통해 유추할 뿐 정확한 의미는 알지 못한다.

　추상어는 실물이 없는 만큼, 그 의미를 머릿속으로 그릴 수 있어야 이해가 된다. 이를 위해서는 많은 경험이 쌓여야 하는데, 사랑을 받아 본 아이가 '사랑'이 무엇인지 아는 것과 같은 원리다. 추상어가 어려운 또 하나의 이유는 대부분의 추상어가 한자어이기 때문이다.

　추상어를 정확하게 이해하는 방법은 경험과 연관짓는 방법(경험글짓기)이다. 어휘력을 확장할 때 많이들 쓰는 방법이지만, 아이들에게 경험을 떠올려 보라고 하면 "그런 일 없어요." "한 번도 해본 적이 없어요." 하는 등 생각하는 것을 힘들어한다. 이럴 때 경험이란 몸으로 해본 일이 아니어도 본 일, 들은 일 혹은 텔레비전이나 책에서 본 일도 해당된다고 설명해 주는 등 부모는 아이들이 경험한 일을 끄집어 낼 수 있도록 적극적으로 개입해야 한다.

　이 밖에 관용어와 속담 및 격언들도 추상어와 함께 어휘력을 향상시키는 열쇠다. 관용어는 둘 이상의 낱말이 결합하여 전혀 새로운 뜻을 가지게 된 말로 원래 가지고 있던 뜻이 아닌 습관적으로 쓰이는 표현을 말한다. 인맥이 넓은 사람을 "발이 넓다."고 하거나, 시험에 떨어진 사람에게 "미역국 먹었다."고 하는 표현들이 해당된다.

　이렇게 자주 사용되는 관용어들은 아이들도 쉽게 받아들인다. 하지만 일상에서 사용되는 관용어나 추상어만으로는 어휘력을 높이는 데 한계가 있다. 따라서 책에 나온 표현들을 그냥 읽고 넘어갈 게 아니라 그 뜻을 찾아본 뒤 이해시키고 책 안의 구절을 그대로 받아 적어 보게 하여 올바른 관용어(추상어) 사용 예문을 아이가 익힐 수 있도록 하면 좋다. 이때 아이와 함께 예시를 만들어 보는 것도 좋은 방법이다.

아이가 책을 읽다가 모르는 용어가 나왔을 때 무조건 사전을 찾아보게 하기보다 먼저 맥락 속에서 유추해 본 뒤 정확한 뜻을 찾아보게 하는 것이 좋다.

> 제비는 날씨를 알아내는 지표 생물입니다. 그래서 제비가 빨리 오면 그 해는 풍년이 든다고 합니다. 겨울이 따뜻하였다는 것입니다.

위 글은 4학년 교과서에 나오는 내용으로, '지표 생물'의 의미를 알려 주는 문장이다. 위 문장을 통해 다음처럼 지표 생물의 의미를 확인할 수 있다.

1. 문장을 다시 읽어 본다.
   → 제비는 날씨를 알아내는 지표 생물입니다.
2. '지표 생물'이라는 말의 앞뒤를 다시 읽으며 뜻을 유추해 본다.
   → 제비는 겨울이 따뜻했었는지를 알려 주는 생물이다.
3. 사전에서 지표 생물에 대한 정확한 뜻을 찾아본다.
   → 기후나 토양 같은 자연환경을 나타내는 푯말이 되는 생물.

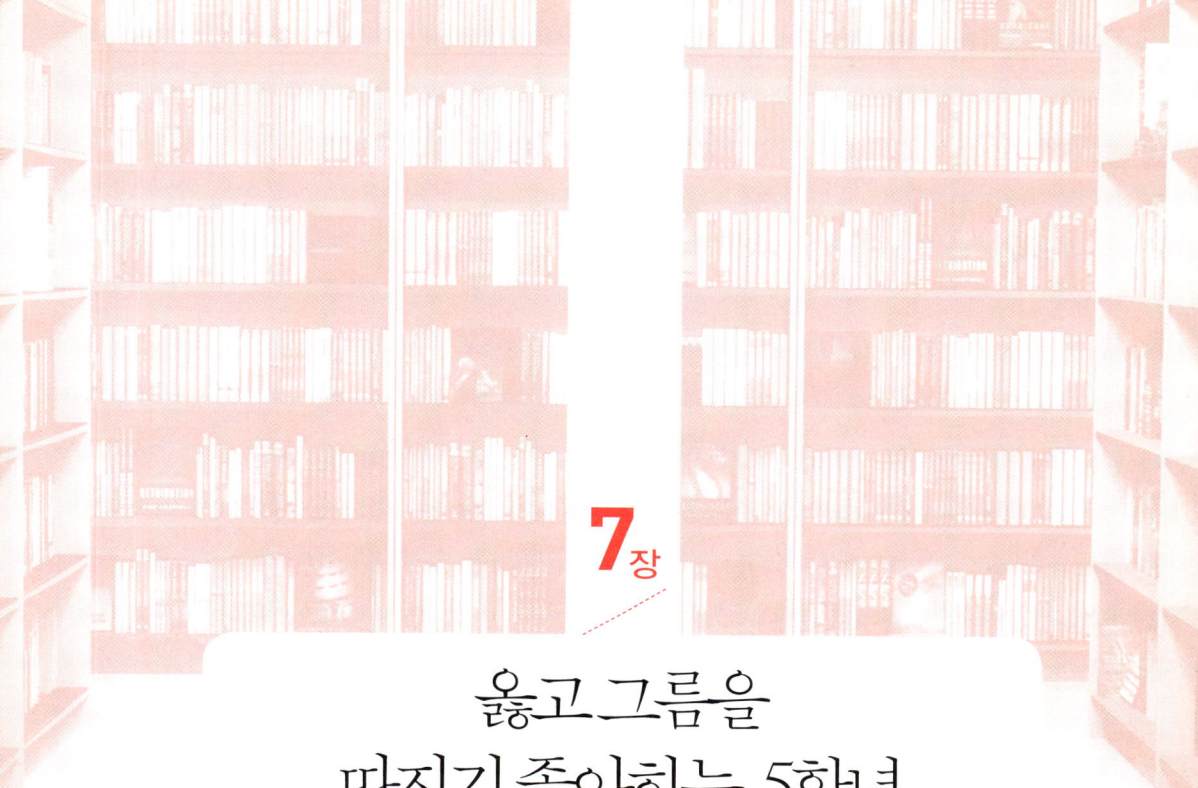

7장

옳고 그름을 따지기 좋아하는 5학년

논리적 사고가 발달하여 비판하고 따지기 좋아하는 한편 아직 자신의 생각에 대한 확신이 없어 주변 분위기에 휩쓸려 행동하는 경향이 있다. 어떨 때는 어른스러워 보이고 어떨 때는 한없이 아이처럼 보이는 이 시기 아이에게는 멘토 역할을 해줄 사람이 필요하다. 특히 책 속의 인물들은 아이에게 긍정적인 영향을 미친다.

5학년 적기 독서법

책 속에서 아이의 멘토를 찾아 줘라!

부모가 아이의 멘토가 되어 줄 수 있다면 이보다 좋을 수 없지만,
아무래도 가족이다 보니 한계가 있다. 어려운 역경을 딛고 성공한 인물들 이야기는
아이에게 꿈과 희망을 심어 주며 어려운 일이 닥쳤을 때
이겨 내는 지혜를 선사한다.

모순되는 이 시기 아이들, 멘토가 필요하다

　　　　　　　　이 연령대 아이들은 자신이 잘하는 것과 잘하지 못하는 것을 분명하게 알고 있으며, 남과 비교를 할 때도 나름 객관적인 기준을 세우려 한다. 이러한 특징 때문에 남들이 인정해 주는 분야에서는 자신감이 넘치고 더 잘하려는 의욕을 보이지만, 그렇지 않은 분야는 열등감을 가져 포기하려 한다. 이러한 특징으로 인해 자신의 지능이나 재능을 탓하는 아이들이 생기는데, 실제로 성적이 오르지 않으면 부모에게 지능 검사를 해 달라고 요구하는 아이들도 있다.

　한편 예전과 달리 부모보다는 친구와 이야기하기를 좋아하게 되고 혼자 사색하는 일이 많아진다. 합리적 사고가 발달하면서 어쩔 때는 어른처럼 행동하기도 하지만 이와 반대로 인정받기 위해 편법을 쓰거나 현실 문제를 회

피하는 등 모순된 행동을 하기도 한다. 주변 분위기에 휩쓸려 행동할 때가 많으며, 넘치는 에너지를 어찌할 바 몰라 하다가도 잘 못한다 싶으면 금방 좌절해 버린다.

이러한 특성 때문에 이 시기 아이들에게는 멘토의 역할을 해줄 사람이 필요하다. 부모가 되어도 좋고, 친척이나 이웃집 사람이어도 좋다. 특히 책 속의 인물들은 아이에게 아주 긍정적인 멘토가 되어 준다. 자신과 비슷한 상황에 처한 인물이 문제를 어떻게 해결해 나가는지 보면서 해결책을 얻기도 하고 희망을 발견하기도 한다. 또 인물의 삶 자체에 감동하여 하고 싶은 일이나 꿈이 생기기도 한다. 현실에서는 만나기 어려운 다양한 인물들을 책을 통해 마음껏 만날 수 있는데, 무엇보다도 훌륭한 인물들의 삶의 태도를 배울 수 있다는 점이 큰 매력이다.

선규는 잉크가 새지 않는 만년필을 개발하여 대중화에 성공한 조지 파커의 이야기를 읽은 뒤 상품을 기획하고 개발하는 일을 하고 싶다는 꿈을 갖게 되었다. 선규 아빠의 직업은 상품 디자이너인데 평소 가정에서 상품을 개발하고 디자인하는 일에 대해 자주 이야기해 주었다고 한다. 마침 아빠가 하는 일을 막연히 동경하고 있던 선규는 파커의 이야기를 읽고 난 뒤 꿈이 명확해졌을 뿐 아니라 아빠와 대화하는 일이 즐거워졌다. 중학생이 된 선규는 자신의 꿈을 위해 공부는 물론 동아리 활동도 열심히 하고 있다. 이렇게 한 권의 책은 아이에게 인생의 방향을 안내하는 멘토가 되어 준다.

자기중심적인 사고에서 벗어났을 때 위인전을 읽을 수 있다

　　　　　　　　　대부분의 부모는 아이가 위인전을 읽고 인물의 삶의 태도를 배우고, 가치관이나 세계관을 배우기를 바란다. 설령 제대로 이해하지 못하더라도 '위인의 이름과 업적'을 알기만 하더라도 큰 수확이라는 생각에 위인전 읽기를 강요하는 부모도 많다.

　　노래 〈우리나라를 빛낸 100명의 위인들〉은 인물이 살던 시대와 업적 및 특징을 표현한 가사로, 아이들로부터 많은 사랑을 받고 있다. 하지만 이 노래 가사에 등장하는 인물을 이해하려면 역사에 대한 대략적인 이해가 있어야 한다. 물론 아이가 노랫말의 의미를 궁금해하며 스스로 찾아본다면 기특하겠지만 그런 아이는 매우 드물다. 아이들은 노래 가사를 외우면서 "사육신과 생육신이 사람 이름인가?" "김유신은 왜 말 목을 잘랐을까?" "이수일과

심순애도 역사 속 인물인가?" 하는 의문을 갖게 된다. 역사를 전체적으로 파악하고 있을 때 비로소 가사를 이해하고 제대로 음미할 수 있는 노래다. 이때 스스로 궁금증을 찾아보는 아이들은 상위인지능력이 높다는 의미다.

이와 마찬가지로 위인들의 이야기는 아이가 어느 정도 역사에 대한 이해가 생겼을 때 읽히는 것이 좋다. 과거에 일어난 사건을 시간적 흐름에 따라 이해할 수 있는 나이가 5학년이니 이때가 위인전 읽기의 적기라고 할 수 있다. 아이들은 위인전의 인물들을 통해 살아가는 방식을 배우고, 자신의 이상을 확립해 간다. 때로는 평생 함께할 멘토를 만나게 되기도 한다.

아무리 뛰어난 역사 속 인물일지라도, 혹은 학습에 도움이 되고 세상을 살아가는 데 도움이 되는 위인의 이야기일지라도 자기중심적 사고에서 벗어나 다른 사람의 입장과 처지를 생각할 줄 아는 시기에 읽어야 이해할 수 있다. 그런데 남의 삶을 이해할 수 있는 시기는 자기중심적인 사고에서 벗어난 만 10세 이후다.

저학년 때 억지로 위인전을 읽은 아이는 정작 제대로 읽어야 할 고학년이 되면 위인에 대한 호기심마저 잃기 쉽다. 그렇다고 무조건 지양하라는 의미는 아니며, 저학년 때는 위인의 재미있는 일화를 중심으로 소개한 책으로 접근하는 게 좋다. 다만 인물의 업적을 달달 외우게 하는 일은 삼가라는 뜻이다.

모든 위인의 이야기가 좋은 건 아니다

고학년을 상대로 감명 깊게 읽은 위인전과 읽은 시기를 조사해 보았다.

그 결과 남자아이들은 이순신, 광개토대왕, 안중근의 이야기를 가장 좋아했고 그 다음으로 정조와 장영실을 꼽았다. 여자아이들은 세종대왕과 신사임당을 꼽았다. 아무래도 영웅담이 많다 보니 여자아이들보다 남자아이들이 위인 이야기를 선호한다는 것과 외국인보다 우리나라 인물을 더 좋아한다는 것을 알 수 있었다.

또 위인전을 읽은 시기는 주로 유치원 때나 저학년 때이며 고학년이 되어서는 교과서에서 다루는 인물을 확인하는 데만 머물러 있었다.

이러한 아이들의 위인전 읽기 실태와 달리 교과서에서는 3학년 때부터 인물 이야기가 나오기 시작하여 5학년 때는 10여 명의 인물을 소개하고 있다. 그만큼 5학년은 인물 이야기를 읽기에 최적의 시기라는 의미다.

따라서 그동안 위인전 읽기를 멀리한 부모라면 신경을 써줘야 한다. 특히 태생적으로 위대한 존재라는 점을 강조한 인물보다는 에디슨처럼 평범한 사람이지만 시련과 고통을 이겨내고 노력하여 성공한 인물 이야기를 권해 주는 게 좋다. 출생부터 특별한 사람이나 천부적인 재능을 가진 인물 이야기만 읽은 아이는 '난 태어날 때 남다른 게 없기 때문에 나와 상관없는 이야기'라거나 '위인은 타고나는 것'이라고 생각하게 된다.

나폴레옹이나 칭기즈 칸처럼 전쟁 영웅에 대한 이야기 역시 신중을 기해야 한다. 전쟁 영웅 중에는 시대적 상황 때문이라 해도 자국의 이익을 위해 수많은 사람들을 희생시킨 인물이 많다. 이러한 인물 이야기는 자칫 가치관을 왜곡시킬 우려가 있다. 심지어 히틀러가 존경스럽다고 하는 아이도 있었다. 역사적 업적뿐만이 아니라 그 인물에 대한 현대적 평가를 염두에 두고 책을 골라 줘야 한다.

아이에게 멘토로 삼을 만한 인물을 권해 주고자 한다면 반기문, 김연아처럼 동시대의 인물 중에서 찾는 것이 좋다. 과거의 인물은 존경스럽거나 위대하다는 생각이 들지는 모르지만, 다소 현실성이 떨어져 그 인물처럼 살아야겠다고 생각하기엔 무리가 있기 때문이다. 반면 동시대 인물은 각종 매체를 통해 친숙해진 만큼 이야기가 주는 영향력이 훨씬 크다.

또 아이의 진로와 관련된 직업을 가진 인물의 이야기도 좋다. 각 분야에서 활약했었거나 활약하고 있는 인물 이야기를 찾아 읽으면서 그들의 열정과 노력을 배울 수 있는 기회를 가질 수 있다.

비판하며 읽는 자세가 중요하다

위인전을 읽을 때 가장 주목해야 할 것은 위인의 업적보다 삶의 태도다. 즉 어떤 자세로 살았는지, 업적을 이룬 과정은 어떠했는지에 주목해서 읽어야 한다. 따라서 인물의 업적만 강조한 책은 피해야 한다.

부모는 다음 질문을 통해 아이의 올바른 읽기를 도와줄 수 있다.

- 위인이 살았던 시대 배경은 어떠한가요?
- 위인의 성장 배경은 어떠한가요?
- 위인은 어떤 시련을 겪었나요?
- 위인은 시련을 어떻게 극복했나요?

- 위인의 행동(혹은 업적)이 당시 사회에 어떤 영향을 끼쳤나요?
- 오늘날 사람들에게 위인은 어떤 영향을 주었나요? 어떤 교훈을 주나요?
- 비슷한 업적을 남긴(비슷한 시기에 살았던) 사람이 있나요? 있다면 공통점과 차이점은 무엇인가요?
- 위인의 주된 업적은 무엇인가요?
- 위인이 성공한 까닭은 무엇인가요?

위인전은 비판적 사고를 기르는 데 효과적이다. 비판적 사고는 고학년이 되어야 발달하는 사고력으로, 다양한 질문과 토의, 토론으로 발달을 도울 수 있다.

비판적 사고란 대상의 꾸준한 관찰이나 비교를 통해 어떤 결론을 얻어 낼 수 있는지 알아내는 것이다. 덧붙여 어떤 정보나 사실을 그대로 받아들이는 것이 아니라 합리적이고 논리적으로 평가하고 분석해서 받아들이는 것이다.

책을 읽으며 그들이 어떤 노력을 하였는지 찾다 보면 공통의 결과가 도출된다. "아, 부지런해야겠구나." 혹은 "그래, 흔들리지 않고 노력하는 자세가 중요해." "나도 이 분처럼 좀 더 적극적으로 행동해야겠어." 등의 깨달음을 얻게 된다. 다시 말해 인물의 행동에서 옳고 그름을 찾아내고, 그들의 공통점에서 하나의 결론을 이끌어 낼 줄 알게 된다.

부모는 아이가 책을 읽으며 비판적 사고를 할 수 있도록 질문을 해주면 좋다. 위인의 가치관, 인생관에 대해 물으며, "왜 그렇게 했을까?" "문제를 어떻게 해결했어? 그렇게 행동한 까닭은 무엇일까?" 와 같이 이유(왜)와 방법(어떻게)을 중심으로 물어보자. 이유와 방법을 생각하다 보면 자연스럽게 위인의 가치관과 인생관이 어떻게 형성되었는지 알 수 있기 때문이다. 다음은 위인전을 읽고 아이에게 할 수 있는 질문들이다.

- 위인이 시련을 극복해 내는 방법은 그가 처한 환경과 어떤 관련이 있을까요?
- 다른 위인과 비교했을 때 그의 삶의 태도는 어떠한가요?
- 다른 위인의 성장 과정(혹은 시련을 극복해 내는 과정)과 비교해 보았을 때 어떤 공통점이 있나요?
- 만약 그 위인이 다른 시대에 태어났다면 어땠을까요?
- 네(아이)가 위인이라면 어떻게 문제를 처리할 것 같나요?
- (특정 상황) 위인의 행동에 대해 어떻게 생각하나요? 왜 그렇게 생각하나요?
- 위인의 선택이 옳았다고 생각하나요? 왜 그렇게 생각하나요?

이런 질문들은 근거를 세워 답해야 하므로 생각할 시간을 충분히 줘야 한다. 다그치지 말고 아이가 충분히 생각한 후 대답할 수 있도록 지켜봐 줘야 한다.

한편 위인전을 읽고 독서 감상문을 쓸 때 아이들은 대개 위인의 일생을 요약한 뒤 "위대하다." 혹은 "본받아야겠다."는 말로 마무리를 짓는다. 이때 위인의 어떤 점을 본받을 것인지 그 이유를 분명히 쓸 수 있어야 한다. 그러기 위해서는 아이가 위인의 삶을 자신의 상황과 견주어 생각해 볼 수 있어야 한다.

예를 들어 장기려 박사는 한국의 슈바이처로 불리는 우리나라 간 절제술 분야의 선구자이며 일생을 불쌍하고 가난한 환자들을 위해 봉사한 분이다. 이 분의 이야기를 읽고 독서 감상문을 쓴다면 "최고의 의사인 장기려 박사님은 변변한 집 한 채가 없을 정도로 남을 위해 봉사하는 삶을 사셨다. 그런데 나는 오늘 길에서 돈을 구걸하는 사람을 봤지만 그냥 지나쳤다. 내 돈이 아까웠기 때문이다. 반성이 되었다. 장기려 박사님처럼 남을 위해 내 모든 것을 줄 순 없지만, 앞으로는 힘든 사람을 도와줘야겠다." 하는 식으로 구체적으로 쓸 수 있어야 한다.

한 가지 유의할 점은 "어때? 이 분은 이미 의사로서 성공했는데도 끊임없이 노력했지? 너는 어떻게 해야 할 것 같아?" "봐봐. 이 분은 아주 어려운 환경에서도 노력해서 성공했잖아. 너는 얼마나 좋은 환경이니. 더 열심히 해야겠지?" 하는 등 심리적 부담을 주거나 학습을 강요해서는 안 된다. 위인전 역시 이야기책이다. 무언가 배우고 얻어야 한다는 생각을 버리고 즐겁게 읽을 수 있도록 해주자.

역사는 전체 흐름을 읽어야 한다

　　　　　　　　　　　5학년 사회 교과의 가장 큰 특징은 '역사'를 배운다는 점이다. 선사시대부터 근현대사까지 시대별 특징과 왕조의 주요 업적을 공부하는데, 개괄적인 역사 흐름을 익히는 정도지만 그만큼 시대 흐름을 잘 이해해야 하기 때문에 배경지식이 부족한 아이들은 대단히 어려워한다.

　5학년 때 역사를 배우는 것은 앞에서 말했듯이 과거 사건들의 시간적 순서를 이해할 수 있는 나이이기 때문이다. 역사는 단편적 지식이나 어느 한 시대 혹은 사건의 일면만으로는 올바로 이해할 수 없다. 전체 흐름을 알아야 하며, 그러기 위해서는 어떤 사건의 원인이나 결과에 대해 추론하는 힘이 필요한데, 보통 5학년은 돼야 가능한 사고능력이다. 또 아이들은 역사를 배우며 과거의 관습과 문화를 익히고 사회적인 통념을 이해하게 된다.

이 시기의 역사책 읽기는 이후 역사에 대한 아이의 흥미를 좌우하기 때문에 어렵고 힘든 과목이 아니라 재미있는 과목이라는 인식을 줘야 한다. 그러기 위해서는 암기식 접근보다 역사를 흥미롭게 소개한 다양한 책을 통해 관심을 높이고 배경지식을 쌓아 주는 것이 좋다.

어떤 역사책이 좋을까?

어떤 부모는 아이가 풍부한 역사적 지식을 쌓으면 좋은 성적을 거둘 수 있다고 생각하여 무리한 독서 계획을 세우기도 한다. 4학년 민주는 겨울방학을 맞이하여 엄마와 50권의 역사책을 모두 읽기로 하였다.

"이번 겨울방학에 엄마랑 한국사 전집을 읽기로 했어요. 다 읽으면 컴퓨터 시간을 늘려 주신대요."

"겨울방학 동안? 지금부터라도 조금씩 읽는 게 낫지 않을까?"

"50권이나 돼요. 혼자 읽기엔 너무 많아서 엄마가 도와주기로 했어요."

5학년 역사 과목을 대비하고자 하는 민주 엄마의 마음은 충분히 이해가 되었지만, 평소 책읽기를 힘들어하는 아이에게 한 달여 만에 과연 50권의 도서를 읽힐 수 있을지 의문이 들었다. 어떤 책인지 궁금하여 살펴보니, 처음 역사를 접하는 민주에게는 너무 벅찬 내용이었다. 분량도 많거니와 교과서처럼 사실 위주의 내용이 딱딱하게 편집된 책이었다. 이런 책은 오히려 역사는 어렵고 재미없다는 인식을 심어 줘 역사책 읽기에 악영향을 주게 된다.

역사책은 크게 역사 동화책과 지식정보책으로 구분된다. 역사적 사실을 근거로 하여 동화로 엮은 이야기책이 있는가 하면 교과서처럼 사실(정보)을 중점적으로 알려 주는 책, 만화와 그림 등의 시각 자료의 비중이 큰 책 등 그 구성과 주제, 다루고 있는 내용이 매우 다양하다. 이 중에서 아이에게 적합한 책을 골라 줘야 한다.

시작은 역사 동화로

역사 과목에 부담을 안고 있지만 책읽기를 즐기는 아이는 역사 동화를 추천한다. 이야기책을 곧잘 읽는 아이들은 마치 드라마처럼 전개되는 역사책을 읽으며 역사 여행을 할 수 있다.

역사 동화는 잘 읽지만 여전히 딱딱한 지식정보책이 부담스러운 아이에게는 스토리텔링 기법을 도입한 지식책으로 읽기 부담을 줄여 주는 게 좋다. 스토리텔링이란 이야기 형식을 빌린 기법으로, 주로 지식과 정보를 효과적으로 전달하기 위해 학습 도서에서 많이 사용하고 있는 방식이다. 스토리텔링 도서의 가장 큰 장점은 정보를 나열하는 백과사전식 서술과 달리 이야기를 통해 지식을 재미있게 전달함으로써 독서 동기를 강화하고 있는 점이다. 다만 이야기에만 치중하여 읽고 끝내지 않도록 주의를 기울여야 한다.

이러한 책은 타임머신을 타고 어느 특정 시대에 가서 벌어지는 이야기를 통해 그 시대의 역사를 소개하는 방식이 일반적이다. 허구와 사실이 섞여 있는 만큼 비판적 사고 없이 읽게 되면 잘못된 역사적 지식을 가질 우려가 있다. 따라서 사실과 거짓, 중요한 내용과 그렇지 않은 내용을 구분해 보게 하는 등의 적절한 읽기 지도가 필요하다. 또 도서를 선택할 때는 재미에만 치우친 것은 아닌지 잘 살펴봐야 한다.

시대를 다룬 역사 동화 『바람의 아이』(푸른책들)와 『동화로 읽는 삼국사기』(늘푸른아이들)와 조선의 뮬란으로 불리는 부낭자 전설을 동화로 엮은 『부낭자가 떴다』(생각과느낌)는 흥미진진하고 박진감 넘치는 작품으로 역사책 읽기의 진면목을 느끼게 해준다.

『덕혜옹주』(동네스케치)와 『어린 임금의 눈물』(파랑새어린이)은 깊은 감동을 주는 작품으로 한 인물의 삶을 통해 역사를 들여다볼 수 있다.

하나의 역사적 사건을 중심으로 엮은 책도 있는데, 천주교 탄압을 주제로 한 『책과 노니는 집』(문학동네어린이), 한글 창제의 의의를 동화로 엮은 『초정리 편지』(창비)와 백제의 칠지도 탄생 비화를 담은 『칠지도』(샘터)가 그러한 책이다. 모두 역사에 대한 흥미를 가져다주는 이야기를 담고 있다.

친숙해졌다면 역사 지식을 확장시켜 줘라

동화책으로 역사와 친숙해졌다면, 이번에는 지식정보책으로 역사 지식을 확장시키면 된다. 가장 정직한 책은 교과서처럼 사실 기록을 중점적으로 기술한 것이다. 아직은 역사 입문기이기 때문에 관심을 갖게 하는 것이 더 중요하다. 따라서 그림이나 사진 등의 시각 자료가 많은 책으로 고르는 것이 좋다.

역사 지식을 더 깊고 넓게 확장시키는 데는 통사를 다룬 책이 좋다. 『역사야, 나오너라』(푸른숲주니어), 『새롭게 쓴 5교시 국사시간』(역사넷)이 그러한 경우다.

또 역사가 워낙 방대하다 보니 다른 분야에 비해 시리즈물이 많은데, 이러한 도서는 역사의 전반적인 흐름과 지식을 얻을 수 있다는 장점이 있다.

〈한국사 편지〉 시리즈(책과함께어린이), 〈묻고 답하는 한국사 카페〉 시리즈(북멘토), 〈역사스페셜 작가들이 쓴 이야기 한국사〉 시리즈(한솔수북), 〈역사 속으로 송송〉 시리즈(토토북), 〈행복한 한국사 초등학교〉 시리즈(휴먼어린이), 〈한국사 탐험대〉 시리즈(웅진주니어), 〈발로 배우는 우리 역사〉 시리즈(아이세움) 등이 있다.

과도한 정보가 부담된다면 역사 만화를 읽혀라

과도한 지식이 부담된다면 역사 만화를 권해 주어도 좋다. 역사 만화는 역사를 싫어하거나 관심이 없는 아이들이 시작하기 좋은 책이다. 사실 역사는 여러 번 반복하여 전체 흐름을 아는 것이 제일 중요하다. 속도가 빠르고 흥미진진한 역사 만화를 읽다보면 세부적인 내용은 모르더라도 전체 흐름을 알 수 있다. 〈어린이 살아있는 한국사 교과서〉 시리즈(휴머니스트), 〈아하! 우리 역사〉 시리즈(주니어김영사) 등이 있다. 유명한 시리즈 중에서도 역사를 재미있게 접할 수 있는 책들이 많이 있는데, 〈새로 만든 먼 나라 이웃나라〉에서 '우리나라 편', 〈한국사탐험 만화 역사 상식〉에서 『통일 신라 시대 보물찾기』, 〈WHY?〉에서 '한국사 편'이 그러한 책이다.

혹여 역사 만화만 볼까 우려하는 분들이 있을 것이다. 만화로 흥미를 살렸다면 그후 역사 동화와 함께 그림이나 사진이 풍부한 지식책을 적절히 마련해 두어 아이가 비교해 가며 읽을 수 있도록 도와주면 된다.

특정 주제를 소개한 지식정보책들 중에도 좋은 책들이 많다. 김홍도, 신윤복 등의 그림을 바탕으로 조상들의 삶의 모습과 민족 고유의 감성을 소개한 『옛날 사람들은 어떻게 살았을까』(창비)와 『공부가 되는 한국 명화』(아름다운사람들)는 역사를 새롭게 접근하여 소개하고 있으며, 과학의 역사를 다룬 〈교양 있는 우리 아이를 위한 과학사 이야기〉 시리즈(꼬마이실)는 과학적인 발견과 법칙을 재미있는 이야기로 소개하고 있다.

재미있게 퀴즈 형식으로 역사를 알려 주는 『도전 100! 역사 퀴즈』(주니어김영사)와 그림이나 사진 등 시각 자료가 풍부한 『지도로 만나는 우리나라 역사』(뜨인돌어린이)는 읽기 부담이 적어 자투리 시간을 활용할 수 있는 장점을 갖고 있다. 『멋지다! 우리 역사』(주니어김영사) 역시 바보 온달과 평강 공주, 보물 피리 만파식적, 정조와 신하들, 의병 등 다양한 인물과 역사를 소개한 책으로 역사책 읽기를 시작하는 아이들에게 부담 없는 책이다. 『맞수로 읽는 우리 역사』(녹색동화)는 원효와 의상, 최영과 이성계와 같이 역사상 라이벌 관계에 있던 인물 이야기를 통해 역사를 소개한다.

주요 쟁점이 되는 역사 문제를 명확하게 설명해 주는 『어린이 우리 역사 바로 알기』(청솔출판사)는 미처 생각하지 못했던 부분을 알아가는 재미를 선사하고, 『한국사 상식 바로잡기 1, 2』(책과함께어린이)는 역사 속 인물이나 말에 관한 잘못된 상식을 바로잡아 준다. 역사에 관심이 많은 아이들은 이 두 권의 책을 통해 새로운 역사 관점과 정보를 얻을 수 있어 재미있어한다.

역사책, 어떻게 읽어야 할까?

역사책을 볼 때는 사건이 일어난 원인과 배경을 살펴보고 그 결과를 추론해 보는 등 인과관계에 집중해야 한다. 또 스토리텔링 형식으로 되어 있는 도서의 경우 내용이 사실인지 아닌지를 따져 가며 읽어야 한다.

'만약에'라는 가정을 해보아도 좋다. 정조 임금이 일찍 죽으면서 귀양을 가게 된 정약용 이야기를 통해 "정조 임금이 좀 더 오래 살았더라면, 정약용은 어떤 업적을 남겼을까?" 등을 가정해 보는 것이다. 물론 귀양살이 가운데서도 수많은 저서를 남겼으나, '만약 그가 귀양살이를 가지 않았더라면 어떤 인물로 남았을까?'를 생각해 보고 이야기를 나눈다. 이런 활동은 단순히 이미 일어났던 과거를 뒤집어 보자는 의도가 아니다. 정약용의 삶을 다시 되짚어 보면서 정조 임금에게 총애를 받았던 까닭이나, 고단했던 백성들의 삶을 가까이했던 실학자로서의 인생관을 살펴보자는 것이다. 이와 같은 질문에 답을 하면서 아이들은 역사를 다각적인 측면에서 살펴볼 수 있으며, 단순히 역사적 사실을 암기하는 수준이 아니라 역사의 인과관계를 이해하게 된다. 이러한 역사책 읽기는 비판적 사고와 창의적 사고를 발달시켜 준다.

문학은
온전한 작품으로 읽었을 때
의미가 있다

5학년 아이들은 장편 동화쯤은 거뜬히 읽어 낸다. 다소 많은 인물이 서로 얽히고설킨 복잡한 이야기도 몰입해서 읽을 수 있는 힘을 가지고 있다. 그래서 명작을 권하기에 좋은 시기다.

그런데 부모가 아이에게 권해 주는 명작은 대부분 본인이 어렸을 때 읽었거나 귀에 익어 친숙한 작품일 확률이 높다. 그러다 보니 적지 않은 출판사에서 〈카라마조프 가의 형제들〉, 〈데미안〉처럼 아이의 눈높이에 맞지 않은 책을 아이 책으로 출간하거나, 긴 분량의 작품을 요약본으로 만들어 출간하고 있다.

보통은 분량이 적은 요약분이 이해하기 더 쉬울 거라고 착각을 한다. 하지만 글의 길이가 줄었다고 하여 이해하기 쉬운 것은 아니다.

아이들이 즐겨 읽는 〈톰 소여의 모험〉을 예로 들어 보겠다. 다음은 허클베리와 톰 소여가 자신들의 비밀을 지킬 것을 약속하는 장면이다.

> 허클베리는 톰이 글을 쓸 줄 알 뿐만 아니라 고상한 문장을 지을 수 있다는 게 존경스러웠다. 허크는 윗옷에 달려 있는 핀을 빼서 살을 찌르려고 했지만 톰이 말렸다.
> "잠깐만! 그러지 마. 핀은 놋쇠잖아. 어쩌면 녹청이 묻어 있을지 모른다고."
> "녹청이 뭐야?"
> "독이야. 녹청을 핥아 봐. 그럼 금방 알 수 있을걸."
> 톰은 몸에 지니고 있는 바늘을 하나 꺼내 엄지손가락을 찔러 피를 한 방울씩 짜냈다. 한참 만에 여러 방울을 짜내 손가락의 둥근 부분으로 자기 이름의 첫 글자를 겨우 써넣을 수 있었다.
> — 『톰 소여의 모험』(시공주니어) 중

요약본 『톰 소여의 모험』(중앙출판)에는 "톰과 허클베리는 바늘로 엄지손가락을 찔러 자신의 이름 머리글자를 쓰기로 했습니다."라고만 되어 있다. 또 톰이 조, 허클베리와 함께 뗏목을 타고 도착한 섬에서 하룻밤을 자고 난 뒤의 풍경을 묘사한 내용에서도 많은 차이가 난다.

> 톰은 일어나 앉아 눈을 비비고는 주위를 둘러보았다. 그제야 모든 것이 분명하게 생각났다. 잿빛을 띤 신선한 새벽이었다. 숲 속에 감도는 정적 속에서 톰은 기분 좋을 만큼의 안도감과 평화로움을 맛볼 수 있었다. 나뭇잎

하나 움직이지 않았다. 그 어떤 소리도 감히 대자연의 명상을 방해하지 못했다. 구슬 같은 이슬 방울들이 나뭇잎과 풀잎에 맺혀 있었다. 모닥불은 하얀 재로 한 겹 덮여 있었고, 가느다란 숨결 같은 푸른빛 연기가 공중으로 피어오르고 있었다.

- 『톰 소여의 모험』(시공주니어) 중

요약본에서는 "톰은 눈을 비비며 자리에서 일어났습니다. 하얀 재가 소복이 쌓인 모닥불에선 한 줄기 뿌연 연기가 하늘로 올라가고 있었습니다."라고만 되어 있다.

완역본은 충분한 묘사와 적절한 비유를 해놓아 주인공의 행동 하나하나를 머릿속으로 상상하면서 읽는 재미를 느낄 수 있다. 그러나 요약본은 아주 간결한 설명뿐이어서 상상의 여지가 없다. 따라서 부모는 문고판으로 요약하거나 개작을 한 명작에 대해서는 날카로운 눈을 가지고 살필 필요가 있다.

과학이나 사회와 같은 비문학 도서는 일부 내용만을 소개해도 되는 경우가 많다. 이를테면 동물의 한살이를 설명하는 책에서 지구상의 모든 동물을 다 소개할 필요는 없다. 포유류 가운데에서도 아이들에게 친숙한 개, 고양이, 여우, 늑대, 혹은 고래까지만 다룬다고 해도 정보를 알려 주는 데 아무런 문제가 없다.

그러나 문학은 다르다. 시작부터 결론까지 하나의 작품을 온전히 실어야 한다. 그래야 독자는 작가의 인생관이나 가치관, 혹은 작품에서 나누고자 하는 주제를 읽어 낼 수 있다. 이것이 문학 읽기의 본질이다. 요약본은 온전한 작품이 아니다. 기획 의도에 의해 짜깁기된 글에 불과하다. 특히 요약본을 읽은 아이들은 이미 읽은 책이라고 생각하여 원작을 다시 보려 하지 않는다. 위대한 작품을 겉만 보고 끝내는 꼴이다.

명작은 마치 명화를 감상하듯 구절 구절을 천천히 음미하며 읽는 책이다. 당대의 사회 문화적 모습을 담아낸 작품이기 때문에 이야기의 시대적 배경을 살펴 읽어야 한다.

〈올리버 트위스트〉는 올리버가 도둑 소굴에서 온갖 고생을 하지만 순수함을 잃지 않고 있다가 구출된다는 내용이다. 그런데 이 작품은 사실 당시 가난한 사람을 범죄자로 취급하던 영국 사회를 비판하는 소설이다. 즉 도둑 소굴에서 지냈지만 때 묻지 않은 순수함을 간직한 올리버를 통해 가난하다고 하여 타락하는 것은 아니라는 메시지를 전하고 있다.

이렇게 문학이 시대의 사회적 특징을 담아냈다는 것을 알고 읽으면 작품에 대한 이해가 한층 깊어진다. 이를 위해서는 시대적 배경에 대한 이해를 바탕으로 작가의 의도를 파악해 가는 적극적인 읽기 자세가 필요한데 5학년이기 때문에 가능하다.

많은 가정에서 아이가 어릴 때부터 명작을 읽히고 있다. 하지만 저학년 때 읽히는 요약본으로는 작가의 원래 의도를 파악하기 어려울 뿐더러 감동이 느껴지지도 않는다. 따라서 미리 읽기보다 제때에 읽혀 명작의 힘을 느낄 수 있게 해주는 것이 중요하다.

· 초등학교 5학년이 완역본으로 읽을 수 있는 명작으로 〈제인 에어〉, 〈작은 아씨들〉, 〈소공자〉, 〈소공녀〉, 〈하이디〉, 〈키다리 아저씨〉, 〈빨간 머리 앤〉, 〈비밀의 화원〉, 〈왕자와 거지〉, 〈안네의 일기〉, 〈톰 아저씨의 오두막〉, 〈사

랑의 학교〉처럼 꿈과 희망을 주거나 아름다운 정서가 담긴 이야기 혹은 역사적 사건을 배경으로 한 이야기를 권하고 싶다.

대화를 통해
아이의 사고력을
높여라

사고력이란 생각하고 궁리하는 힘이다. 운동을 하면 근육이 발달하여 젊음을 지속할 수 있듯이 우리 두뇌도 자주 써야 두뇌 근육이 발달하여 명석해질 수 있다. 생각하는 능력은 무한하여 끊임없이 훈련하면 누구나 향상된다.

5학년이면 구체적인 사물이 눈앞에 없더라도 그릴 수 있고, 남의 입장에서 생각할 줄 알며, 추상적 사고능력이 발달하여 경험하지 않은 일이라도 추론하여 결론을 예측하는 일이 가능하다.

하지만 무엇이든지 스스로 생각해 보지 않은 아이는 의존적인 아이로 자란다. 고학년이 되어서도 "엄마, 오늘은 뭐 입어요?" "내일 시험인데 뭐 공부해요?" 하는 등 아주 기본적인 일조차 스스로 결정하지 못하는 일이 발생

한다.

    이를 방지하기 위해서는 어릴 적부터 아이에게 생각을 유도하는 질문을 자주 해야 한다. "엄마, 오늘 뭐 입어요?" 하고 묻는다면, "비가 오는구나. 뭘 입으면 될까?" 하고 아이가 스스로 생각하여 결정하도록 하는 것이다.

    아이의 사고력을 높이는 첫걸음은 아이가 질문했을 때 성심성의껏 응대해 주는 것이다. 정답을 알려 주라는 의미가 아니다. "이게 뭐예요?" 하고 사물이나 현상에 대해 묻는다면, 자세히 알려 주되 "무슨 뜻이에요?" "왜 이런 일이 일어났나요?" 하는 질문에는 바로 답해 주지 말고 아이의 생각을 먼저 묻는다. 부모가 먼저 자신의 생각을 말할 경우 아이는 호기심이 사라져 아예 더 이상 생각하려 하지 않는다. 일반적으로 부모(교사)의 생각이 자신보다 옳다고 생각하기 때문이다.

    따라서 "왜 그럴까?" "넌 왜 그렇게 생각하니?"를 끊임없이 반복하여 아이가 자신의 생각을 표현할 기회를 주어야 한다. 이런 질문에는 "예." 와 "아니오." 혹은 단답형의 답변이 나올 수 없으므로 아이는 오랜 시간 고심한 끝에 말하게 된다. 이 과정에서 사고력이 향상된다.

    또 책을 보다 모르는 내용이 나왔을 경우에는 앞뒤를 다시 읽으며 생각해 보게 한 뒤, 그래도 모르면 함께 찾아보도록 한다. 이러한 경험이 반복되면 아이는 모르는 내용이 나왔을 때 자연스럽게 스스로 찾아보게 된다.

    예를 들어 텔레비전에서 입양 관련 프로그램을 보던 아이가 "입양이 뭐예요?" 하고 물었다고 하자. 이때 부모가 알고 있는 범위 내에서 이야기해 주어도 좋고 설명해 주기가 어렵다면 "글쎄, 입양이 무엇인지 함께 찾아볼까?" 하고 아이와 알아본다.

아이가 "사람들은 왜 입양을 할까요? 아이를 낳으면 되지." 하고 말을 할 수도 있다. 입양의 필요성이나 중요성을 바로 답변해 주기보다 "네 생각은 어때? 사람들은 왜 입양을 한다고 생각하니?" 하며 아이의 생각을 물어보자. 입양에 관한 생각을 확장시켜 볼 수 있도록 "입양은 공개적으로 하는 게 나을까? 비밀로 하는 게 나을까?"와 같은 질문을 던지는 것도 좋다. 이처럼 질문을 통해 입양의 문제점이나 해결책까지 생각해 보는 기회를 마련해 줄 수 있다.

입양처럼 사람마다 의견이 분분한 주제와 가치관 교육이 필요한 문제들은 아이의 생각을 충분히 들은 후 부모의 생각에 대해서도 자세히 이야기해 줘야 한다. 이렇게 하나의 주제에 대해 알아보고, 질문을 통해 다양한 각도에서 비판하고 추론하고 생각해 봄으로써 아이의 사고력을 한층 향상시킬 수 있다.

생각하는 능력은 훈련하면 할수록 발달한다. 주입식 교육으로는 절대 만들어질 수 없는 능력이 사고력이다. 주입식 교육이 생각하는 힘을 억제시킨다면 발달 단계에 맞는 적기 독서와 그에 따른 적절한 코칭은 사고력 확장의 가장 큰 기반이다. 즉 책읽기는 종합적인 사고력을 기를 수 있는 가장 경제적이고 효율적인 방법이다.

스스로 고치기 힘든 독서 습관, 함께 읽기가 답이다

　　　　　　　5학년쯤 되면 부모나 선생님 같은 주변 어른의 도움 없이도 스스로 읽을 책을 선택하고 또 끝까지 읽어 낸다. 5학년이면 이미 나름대로 독서 습관이 자리 잡힌 상태다. 그리고 자신의 잘못된 독서 습관을 알고는 있지만 스스로 고치기 힘든 때이기도 하다.

　이때 친구들과 함께하는 독서 모임을 권하고 싶다. 친구들이 협력자이자 경쟁자가 되어 읽기 동기를 유발하고 질 높은 독서 문화를 형성해 갈 수 있는 방법이다. 책을 읽기 싫은 날도 있지만 나만 읽지 않으면 뒤처지는 느낌이 들어 열심히 책을 읽게 될 뿐만 아니라 관심 분야가 아니어서 평소 읽지 않는 책까지 읽게 되는 장점이 있다. 또 같은 책을 읽고 나면 서로 내용을 확인해 보기도 하고 나와 같은 느낌이었는지 서로 묻고 답하는 사이에 자연스럽게 친구의 생각을 자신의 생각과 견주게 된다. 그러는 사이에 듣고 말하는 능력이 향상된다.

보통 아이들의 독서 모임은 부모가 중심이 되어 이끄는데, 내가 본 한 모임은 4~5학년 아이들 6명이 능동적으로 끌어 가고 있었다. 부모는 장소와 간식을 제공할 뿐이었다. 처음에는 아이들끼리 무슨 책을 고르고 읽기를 지속하겠느냐는 의문이 들었지만, 모여서 이야기를 하든, 책을 읽든 저희들끼리의 시간을 주어 보기로 했다고 한다.

책을 선정하는 것에서부터 읽기 방법과 읽은 뒤 독후 활동 등 모든 과정에 대한 권한을 아이들에게 맡겼다. 처음엔 어떻게 해야 할지 우왕좌왕했지만 나름대로 리더가 생기고 리더를 중심으로 아이들은 역할을 나누어 갖는 등 하나의 조직 형태를 만들어 나갔다. 그러고는 얼마 가지 않아 한 달 동안 읽을 목록을 만들고 책을 구하는 방법에서, 읽은 뒤 토의하는 문제까지 아이들 모임 안에서 의견을 조율하게 되었다.

"처음엔 엄마가 도와줄 거라 생각했어요. 그런데 거들떠보지도 않으시더라고요. 그러니까 제가 찾아서 읽게 되고 좋은 의견이 있으면 메모해 두었다가 모임에서 얘기도 해요."

이젠 어떤 책이 좋을지 학교 선생님에게 조언을 구하기도 한단다. 역시 아이는 부모가 믿는 만큼 성장한다.

이 시기 아이들은 무엇을 하든 또래가 함께 한다면 두려울 것이 없다. 혼자 하면 재미를 느끼지 못하는 일도 친구와 함께라면 즐겁다. 실제로 교사나 부모와 같은 성인 조력자보다는 본인보다 조금 더 나은 또래와의 학습이 가장 효과가 좋다는 보고가 있다. 또래는 눈높이에 맞는 설명을 하며, 또 서로의 마음을 가장 잘 알고 있다는 신뢰감이 동기를 부여하기 때문이다.

토론을 통해 나와 다른 생각을 배운다

독서 모임의 매력은 또래가 함께 책을 읽는다는 점도 있지만 책을 읽은 뒤 서로의 생각을 주고받을 수 있다는 점이 더 크다. 책은 혼자서 읽을 때보다 여럿이 대화를 하면서 읽을 때 훨씬 더 다양하고 풍부한 생각이 도출되기 때문이다.

특히 논리적 사고가 발달하며, 옳고 그름을 따지기 좋아하는 5학년 아이들에게 토의 및 토론은 대단히 좋다. 의사소통의 자세와 방법을 배울 수 있을 뿐 아니라 자기가 미처 생각하지 못한 바를 다른 친구에게서 들을 수 있고 독단에 빠졌던 오류를 수정하거나 교정하기도 하고, 새로운 생각을 받아들여야 한다는 점도 배운다. 이 과정을 반복하다 보면 다양한 사고방식을 이해하게 된다. 또 다른 사람의 이야기를 자신의 생각과 비교하고 비판하며 듣는 사이 상위인지능력이 자라게 된다.

독서 모임을 통해 토론을 꾀할 때는 서로 친한 사이의 아이들로 구성하는 것이 좋다. 그래야 눈치 보지 않고 자유롭고 편안하게 이야기를 나눌 수 있기 때문이다. 또 말을 잘하지 못하는 아이도 관심 분야나 자기가 잘 아는 내용이 나오면 적극적으로 말하게 되므로 처음 시작할 때는 아이들이 좋아하고 쉽게 접근할 수 있는 주제의 도서를 선정해야 한다.

아이들이 처음에는 어색해하고 힘들어할 수 있기 때문에 사이사이 부모나 교사가 나서서 이끌어 줘야 하는데, 이때도 마찬가지로 절대로 의견을 내서는 안 된다. 아이들은 어른의 주장이나 의견이 합리적이라고 판단해서 자신의 생각과 다를지라도 그 의견에 동조하기 때문이다.

  5학년이면 보통 사물을 객관화하여 이해하는 단계이며, 추상적 사고능력이 발달하는 때다. 따라서 사회 현상을 주제로 한 책읽기와 토의가 적격이다. 토의 주제로는 환경 보호, 에너지 절약, 아동 인권 보호처럼 사회적 통념이나 보편적 가치를 다루는 내용이 좋다. 또 역사 왜곡, 양성 평등, 학교 폭력, 외모 지상주의, 물질 만능주의처럼 다소 무거운 주제 역시 함께 이야기 나눌 수 있다. 때때로 스마트폰의 오남용, 사형 제도와 같은 주제로 찬반 토의를 해보아도 좋다.

  소극적인 아이를 토의나 토론에 적극적으로 참여하게 하는 방법은 사전에 구성원 간의 원활한 관계 맺기를 통해 가능하다. 처음에 말을 꺼리던 아이도 친해진 다음에는 적극적으로 말하게 된다. 또래와의 협동 학습을 좋아하는 고학년들의 특성이다. 하지만 읽기 이해도가 낮아 토의나 토론에 참여도가 낮은 아이의 경우는 시간이 걸린다. 토의를 몇 차례 반복하다 보면 자신의 의견을 조금씩 말하게 될 것이다. 직접 말하지 않고 남의 의견을 듣는 것만으로도 토의 및 토론의 참여 의욕이 생겨난다. 이러한 의욕은 읽기 동기로 이어진다.

8장
생각이 깊어지고
스스로 판단하는 6학년

6학년은 아이에서 청소년으로 넘어가는 시기이자 진로를 고민해야 할 중요한 시점이기도 하다. 그만큼 이 시기에 읽는 책은 대단히 중요한데, 아이의 마음을 다독이는 한편 올바른 방향으로 이끌어 줄 책을 권해 줘야 한다.

6학년 적기 독서법
아이의 사춘기를 성장의 기회로 만들어 줘라!

이 시기 아이들은 부모를 조금씩 멀리하고 반항하는 모습을 보인다.
하지만 마음속으로는 미래에 대한 불안과 자신에 대한 의문으로 가득하여
부모의 손길을 필요로 한다.
따라서 부모의 현명한 개입이 필요한데, 아이에게 가르치려고 하기보다
스스로 깨달을 수 있도록 아이의 상황에 맞는 책을 활용하는 것이 좋다.

두 번째
심리적 이유기가
시작된다

　　　　　　　　초등학생으로서 마지막을 보내는 6학년은 곧 중학생이 될 자신의 미래 모습에 대한 기대와 함께 학습에 대한 부담을 갖는다. 6학년보다는 예비 중학생으로 통하는 이 시기의 아이들은 자기 위치를 찾지 못하고, 아동도 아니고 청소년도 아닌 혼란기를 보냈다.

　부모는 아이의 이런 입장을 충분히 이해하고 있어야 한다. 하지만 부모들은 이제야 말귀를 알아듣는 나이가 되었다고 생각하여 "공부해라, 숙제는 했니?" 하고 다그치거나 스스로 해야 할 일조차 일일이 확인하려 든다. 아이들의 머릿속은 앞날에 대한 고민, 친구와의 관계 맺기와 성적에 대한 부담으로 뒤죽박죽이다. 그러니 부모님의 잔소리가 귀에 들릴 리가 없다. 이 시기 아이에게 부모가 해줄 수 있는 일은 꿈을 가지도록 탐색할 기회를 마련해 주는 것이며, 아이와 대화를 자주 하는 것이다.

　꿈이 없다면 꿈을 가질 수 있게, 꿈이 있다면 어떻게 구체화시킬 것인지, 꿈은 어떻게 이룰 수 있는지 끊임없이 대화하고 관련 도서를 제공하는 일이야말로 부모가 해줄 수 있는 최선이다.

아이의 사춘기, 객관적으로 바라봐야 한다

　심리학에서는 일생을 통해 인간은 두 번의 이유기(離乳期)를 갖는다고 한다. 첫 이유기는 치아가 나기 시작할 때로, 그동안 모유를 먹고 자라던 아이가 치아가 나고 스스로 먹기 시작하면서 비로소 젖을 떼고 어른이 먹는 음식을 먹게 되는 때를 말한다. 이때 아이는 지금껏 밀착해 있던 엄마와의 공간적 거리가 멀어짐에 따라 적지 않은 심리적 고통을 겪는다고 한다. 하지만 대부분 아이는 스스로 잘 견뎌 낸다.

　두 번째 이유기는 아동에서 성인으로 넘어가는 청소년기다. 신체적, 정신적으로 성숙하여 부모의 보호나 간섭으로부터 독립하려는 때로, 심리학에서는 '심리적 이유기'라고 한다. 이때의 심리적 고통이 엄마의 젖을 떼는 고통과 같다는 의미다.

　아이마다 다소 차이는 있지만 대부분 이 시기에 신체적 발달이 두드러지며 사춘기가 진행된다. 급격한 신체 변화에 당황스러워하고 불안해하기도 하며, 이성이나 외모에 대한 관심이 급격히 높아진다.

　"왜 사는 것일까?" "내 꿈은 무엇인가?" 등 철학적 고민을 시작하며, 끊임없이 스스로 묻고 해결해 감으로써 자아 정체성을 확립해 간다. 정신적으로 독립하고자 하는 성향이 강해져 부모나 형제로 구성된 가정으로부터 독립하고자 한다. 그러다 보니 아이들은 가정에 불만이 없어도 부모와의 약속보다는 친구와의 약속을 더 중요시 여긴다. 비슷한 이야기지만 아이들은 항상 친구들과 어울리며 무리 지어 다닌다.

이 시기 아이의 부모는 아이의 행동을 이해하고 믿어 줘야 한다. 그리고 엄연한 독립적 인격체로서 존중해 주고 귀 기울여 주는 수평적 대화 방식을 택해야 한다. 어른과 동등한 대우를 받기 원하고 자신의 의사를 존중받고 싶어 하는 때이므로, 자신이 부모로부터 존중받고 있으며 신뢰받고 있다는 확신이 서면 엄청난 힘을 발휘하여 성장한다.

한편 그동안 지켜 왔던 규칙을 거부하고 자신만의 규칙을 만들기도 하는데, 이 과정에서 반항적인 태도를 보이기도 한다. 하지만 때로는 특별한 이유가 없이 반항하는 경우도 있다. 평소에는 논리적이고 감정 표현에 능숙한 듯 행동하지만, 아직 인지능력과 사고력 그리고 감정의 발달이 미숙하여 때때로 비논리적이며 충동적이다. 흡사 마음에 들지 않으면 떼를 쓰는 아이와도 같다. 만약 아이의 반항이 매우 심하다면 부모에 대한 불신과 거부감이 깔려 있다는 의미다. 내 부모가 세상에서 최고라고 여겼던 가치관에 혼란이 생기고, 다른 부모들과 비교하여 좋지 않은 점들을 찾게 되면서 나타나는 모습이다.

이 때문에 그동안 부모가 했던 말에 불신을 품게 되고 "엄마는 그렇게 안 하면서, 아빠는 약속을 지키지 않으면서."와 같은 말들을 자주하게 된다. 이런 말을 들으면 부모는 당황할 수밖에 없다. 더군다나 아이의 반항적인 행동이 마음에 들 리가 없다. 그렇다고 사사건건 잘잘못을 따지거나 힘으로 누르려고 하면 안 된다. 이는 오히려 부모가 자신의 잘못을 인정하는 꼴이 되며, 서로 감정의 골만 깊어지게 하는 일이다.

부모는 아이가 성장해 감에 따라 자신의 역할을 끊임없이 바꿔야 한다. 아이가 어렸을 때는 충실한 양육자로서, 초등학생 아이에게는 새로운 체계에 잘 적응해 갈 수 있도록 도와주는 격려자로서, 그리고 사춘기 아이에게는 조언자로서 옆에 있어 줘야 한다. 그런데 아직도 양육자의 역할에 머물러 있다면 아이의 성장과 변화에 발맞추지 못하고 있다는 의미다.

아이를 이해하는 가장 쉬운 방법은 자녀 양육서를 활용하는 것이다. 전문가들이 아이의 성장 발달에 따른 특징을 소개해 주고 다양한 문제를 지혜롭게 해결하는 방법들을 알려 주고 있어 매우 유용하다.

부모가 사춘기를 겪었을 때와 지금 아이들의 사춘기는 많이 다르다. "엄마 아빠도 사춘기 다 겪어 봤어." 하는 생각을 버려야 한다. 그리고 아이와 함께 이 시기 아이들의 마음을 적나라하게 표현하고 있는 성장 소설을 읽어 아이의 성장을 객관적인 시선으로 바라볼 필요가 있다. 그리하여 아이에게 어떤 변화를 기대할 수 있는지 살펴야 한다.

흔들리는 아이의 마음을 책으로 보듬다

　　　　　　　　　주인공의 성장을 모티브로 하는 성장 소설(성장 동화라고 하기도 하며, 이하 모두 성장 소설로 통일시키고자 한다.)은 사춘기 아이들의 공감을 자아낸다. 주인공을 통해 사춘기 아이들이 자신의 정체성을 이해하고 저마다 갖고 있는 문제를 해결할 방법을 슬며시 제시해 주어 독자의 성장을 돕는다.

　이 시기 아이들은 급격한 신체적·정신적 변화로 대단히 불안정하다. 이때 자신과 비슷한 상황에 처한 소설 속 인물과 만나면서 안심하고 위안을 받는다. 이는 현실의 친구에게서는 받을 수 없는 위로다. 사춘기 아이에게 성장 소설은 힐링 도서인 셈이다.

　성장 소설에는 여러 종류가 있다. 개인적인 고민에 초점을 둔 이야기도 있고, 가정이나 학교 등 사회적 요인에 의한 성장통을 다룬 이야기도 있다. 대부분 이 시기 아이들의 주된 고민인 '친구와의 갈등', '진로에 대한 고민', '열등감 극복', '이성에 대한 호기심', '부모(선생님)와의 갈등' 등을 다루고 있다. 해방과 한국전쟁이라는 혼란스럽고 처참한 상황 속에서 꿋꿋하게 역경을 이겨 내고 성장한 몽실 언니를 그린 『몽실 언니』(창비)처럼 특수한 시대적 상황 속에서 개인의 성장하는 모습을 담은 이야기도 있다. 많은 성장 소설이 있지만 이 중에서 권해 주고픈 책들을 몇 권 소개하고자 한다.

『꼴찌 축구단, 축구왕 되다』(국민서관)는 축구팀 코치의 불공정함을 참지 못해 팀을 뛰쳐 나온 아이들이 자기 힘으로 새 축구팀을 만들고 결국 승리를 이끌어 낸다는 이야기다. 아이들을 믿어 주는 울라 선생님의 조력이 빛을 발휘한다. 아이들은 삶의 축소판 같은 축구 경기를 통해 삶에서 소중히 해야 할 가치를 깨닫는다. '아이들은 믿는 만큼 성장한다.'는 진리가 돋보인다.

『헨쇼 선생님께』(보림)는 뒤에서 자세히 소개할 예정이지만, 꼭 권하고 싶은 도서 중 하나다.

『나의 라임오렌지 나무』(동녘주니어)는 꼬마 악동 제제와 라임오렌지나무 밍기뉴의 아름다운 이야기로, 순수한 소년이 세상과 부딪치는 과정을 보며 아이들도 함께 자라게 된다. 오랫동안 전 세계 독자의 사랑을 받고 있는 고전이다.

『주머니 속의 고래』(푸른책들)는 저마다의 사연을 갖고 있는 세 명의 아이들이 꿈을 좇으며 겪는 실패와 좌절 그리고 꿈을 위해 노력하는 과정을 담은 작품으로, 인물의 심리 묘사가 뛰어나 많은 공감을 불러일으킨다. 이 작품이 좋은 이유는 다른 책들과 달리 자신에게 소질이 없다는 사실을 알게 되자 과

감히 꿈을 포기하고 앞으로 무엇을 해야 할지를 고민하여 새로운 목표를 찾아 노력하는 모습을 소개했다는 점이다. 무작정 꿈을 좇으라고 강요하는 것이 아니라, 내가 잘할 수 있는 것, 내가 하고 싶은 것을 고민하여 진중하게 목표를 세우고 노력하는 자세를 일깨워 준다.

『어느 날 내가 죽었습니다』(바람의아이들)의 주인공 유미는 어느 날 오토바이 사고로 죽은 재준이의 일기를 발견한다. "어느 날 내가 죽었습니다."라는 섬뜩한 문구로 시작하는 재준이의 일기를 통해 학교생활과 이성에 대한 고민, 입시 교육, 부모와의 갈등으로 인한 인물의 상처가 고스란히 전해지는 작품이다. 친구에게조차 이야기하지 못하는 상처를 가슴속에 억누르고 살아가는 아이들의 고민을 전해 들을 수 있는 기회가 된다. 아이들은 이 책을 읽으면서 함께 아파하고 안타까워하면서 자신은 물론 친구들의 마음을 되돌아볼 수 있다.

『내가 나인 것』(사계절)은 공부도 못하고 말썽만 피워 늘 혼이 나다가 어느 날 가출을 통해 가족들의 관심을 받고자 하는 철없는 주인공이 등장한다. 하지만 가출로 인해 다른 사람의 삶을 이해하게 되면서 한층 성장하게 되고, 가족들의 애정을 깨닫게 된다. 형제자매는 귀찮기만 하고 그토록 좋아했던 엄마, 아빠가 무작정 싫어지고 엄마, 아빠의 말이 잔소리와 간섭처럼만 느껴지는 이 시기 아이들에게 가족은 결국 나를 지켜 주는 버팀목이라는 진리를 일깨워 준다.

『내 인생의 스프링 캠프』(비룡소)는 저마다 다른 상처를 안고 있는 아이들이 뜻하지 않은 사람들과의 낯선 여행을 통해 상처를 치유해 가는 과정을 그린 이야기다. 청룡 열차를 탄 듯 빠른 전개와 여행이라는 신선함 그리고 따뜻한 상처 치유 과정이 책을 읽는 내내 아이들의 시선을 붙잡는다. 1980년대를 배경으로 하고 있어 '민주화 운동', '삼청교육대'처럼 우리 현대사의 아픔을 무겁지 않게 담고 있는 점에서 권해 주고 싶다.

성장 소설은 인물의 성장통이 잘 드러나야 좋은 작품이라 할 수 있다. 주인공이 성장통을 겪고 한층 성장하는 모습을 보면서 아이들은 어렵고 힘들지만 주인공처럼 참고 이겨 내야겠다는 생각을 하게 된다.

성장 소설을 고를 때 주의해야 할 점은 내용의 재미보다 내 아이와 공감대를 형성하고 있는 또래 이야기인가 하는 점이다. 몇 년 전 베스트셀러로 대중의 인기를 끌던 『완득이』(창비)는 영화로도 만들어져 아이들에게 익숙한 작품이다. 이런 이야기는 통쾌하고 대리 만족을 느끼게 하여 즐거운 책읽기 경험을 선사한다. 그런데 원작 소설에는 욕설이 많이 나오기 때문에 부모와 함께 읽으면서 서로 이야기를 나눠 보는 시간을 갖지 않으면, 완득이의 성장보다는 욕하는 장면만 기억할 수 있다. 초등학생보다는 중고생의 눈높이에 맞는 소설이기 때문이다.

『유진과 유진』(푸른책들) 역시 아이들이 많이 읽는 책이다. 유치원 원장으로부터 성추행을 당했던 '유진'과 '유진'이 서로 다른 방식으로 어려움을 이겨 내는 과정을 그리고 있다. 이때 '큰 유진'과 '작은 유진'의 심리, 상처 등에 주목하여 이들이 겪는 성장통을 읽어야 하는데, 자극적인 주제인 '아동 성폭력'에만 치중하게 되면 "이 세상은 너무 무서워." "믿을 사람이 정말 없어."로 끝나고 만다. 부모가 함께 읽고 인물의 성장 과정을 이야기해 본 뒤, 어려움을 어떻게 극복해 나가는 것이 현명한지에 대해 토의하는 것이 바람직하다.

성장 소설의 주인공이 성장통을 잘 견디고 일어서는 장면을 읽으면서 아이들은 마치 자신의 아픔을 이겨 낸 것과 같은 느낌을 얻는다. 즉 읽기 행위가 곧 치유로 이어지는 것이다. 때로는 아이의 고민을 부모가 나서서 덜어 주려고 애쓰기보다는 적절한 성장 소설 읽기를 통해 스스로 치유할 기회를 주는 것도 좋은 방법이다.

오직 나를 위해, 내면의 글을 쓸 준비가 되다

아이들은 글 쓰는 일을 대단히 부담스러워하고 힘들어한다. 독서 감상문부터 시작하여 너무 일찍부터 틀에 박힌 글쓰기를 강요받았기 때문이다.

이러한 교육 현실에서 아이들은 자유롭게 자신의 생각을 쓰기보다 "이렇게 써도 되는 걸까?" "못 썼다고 지적받으면 어쩌지?" 하며 다른 사람의 평가를 신경 쓰며 글을 쓴다. 그러다 보니 점점 글쓰기가 어렵게 느껴지고 자신감이 떨어지면서 멀리하게 되는 것이다.

하지만 아이들의 사춘기는 글쓰기를 잘할 수 있는 최적의 시기다. 사람은 누구나 표현 욕구를 가지고 있다. 특히 어느 정도 삶의 경험과 지식이 축적되어 표현력이 증가되고, 앞날에 대한 기대와 불안감을 갖고 있는 이 시기 아이들은 그동안 가슴속에 쌓아 둔 생각과 감정을 글로 표현하고 싶어진다. 이제까지 교사나 부모 등 남에게 보이기 위한 글을 써왔다면, 사춘기 아이들은 이제 내면의 이야기를 글로 쓸 준비가 된 것이다.

생각과 동시에 표현되고 사라지는 말하기와 달리 글은 끊임없이 자신의 생각을 곱씹으며 적절한 단어를 찾아내야 하고 이는 기록으로 남는다. 그만큼 글쓰기는 아이가 자신의 내면을 들여다보고 사색하기에 좋은 수단이다. 이 과정을 통해 다소 불명확했던 감정들이 정리되기도 하고 감정의 이유를 알게 되기도 한다. 이처럼 내면의 글을 쓴다는 것은 스스로 자기 치유의 효과를 발휘한다.

내면의 글쓰기는 다른 사람과의 소통의 수단이 되기도 한다. 『이 일기는 읽지 마세요, 선생님』(우리교육)은 폭력을 휘두르는 무책임한 아버지와 무기력한 어머니 그리고 자기만 바라보는 동생과 함께 희망 없이 살아가는 십대 소녀 티시의 모습을 보여 준다. 티시는 학교 숙제로 시작한 일기를 통해 위안을 받고 힘을 얻는다. 주인공에게 일기는 현실의 슬프고 짜증나는 일들을 쏟아내는 대상이자 선생님과의 비밀스러운 소통의 수단이 되어 주었고 고난을 극복하는 힘이 되었다.

한동안, 일기장에 아무것도 쓰지 말까, 아예 내지 말까, 어떻게 할까, 이런저런 생각을 했다. 하지만 누군가에게 터놓고 이야기할 수 없을 때부터 글로써 내려가다 보면 한결 마음이 편안해졌다. 그게 엄마가 집을 나간 문제에 관해 매트와 이야기를 나눌 수는 있지만, 내가 근심스런 기색을 보일라치면 이내 매트가 눈시울을 붉혔기 때문에 나는 늘 활기가 넘치는 척해야 했다. 그래서 일기를 꾸준히 쓰는 게 아닌가 싶다.
— 『이 일기는 읽지 마세요, 선생님』 중

『절대 보지 마세요! 절대 듣지 마세요!』(바람의아이들)는 실제 열아홉 살 소녀가 어른들에게 보여 주고 싶고 들려주고 싶은 아이의 마음을 담은 그림책이다.

『헨쇼 선생님께』는 리 보츠가 자신이 좋아하는 동화작가 헨쇼 선생님에게 편지를 쓰고 답장을 받는 이야기다. 선생님에게서 받은 질문 10가지를 답하는 과정에서 주인공은 자신의 상처를 치유하고 성장하게 되는데, 선생님의 권유로 일기를 쓰면서 자기 치유의 효과를 보게 된다는 이야기다.

이 세 권의 책은 아이들이 어른들과 소통하고 싶은 심리를 반영하고 있다. 아무도 알아주지 못하는 자기 마음을 편지나 일기를 통해, 그림책을 통해 세상에 알리고 있다. 우리 아이들도 이 주인공들과 같다. 부모와 이야기하기 싫어하는 것이 아니라 이야기가 하고 싶어 안달이 나 있다. 이러한 아이들에게 글쓰기는 자신의 생각을 표현하고 객관적인 시선에서 문제를 들여다보아 해결책을 찾아내는 계기가 된다.

아이들에게 이러한 책을 읽힌 뒤 자연스럽게 글을 써보도록 유도해 보는 건 어떨까? 이를 위해서는 먼저 아이가 글 쓰는 행위에 친숙해져야 한다. 무작정 자신의 생각을 써보게 하면 난감해할 수 있으므로 따로 공책을 마련하여 책을 읽고 느낀 감정이나 생각을 간단하게 몇 줄 정도 적어 보게 하는 정도가 좋다. 기억에 남는 구절을 적어 두는 것도 좋다.

처음에는 간단명료하기만 했던 글들이 조금씩 익숙해지면서 어느 날은 아주 감상적인 내용이, 어느 날은 아주 진지하면서 철학적인 내용이, 또 어떤 날은 미래에 대한 진지한 고민이 책을 읽은 감상과 함께 녹아 나게 된다. 이때 남긴 기록은 성장과 변화의 흔적이 되어 후일 아이의 소중한 추억이 된다.

명심할 것은 이때의 글쓰기는 독서 감상문이 아니라 아이가 자신의 생각을 자유롭게 표현하는 수단이 되어야 한다는 점이다. 아이의 생각과 감정을 글로 표현하게 하는 것이 목표이므로, 형식에 구애받지 않고 자유롭게 쓰게 한다. 줄거리 역시 써도 되고 쓰지 않아도 된다. '나의 친구', '비밀 노트'처럼 기록장에 이름을 붙이면 아이들은 더욱 애착을 느끼게 된다.

사고가 미성숙한 시기, 다양한 사고의 관점을 간접 경험시켜라

초등학교 최고 학년이 된 아이들은 제법 어른스러운 모습을 보인다. 심부름을 하더라도 시키는 대로만 하지 않고 나름대로 합리성과 융통성을 발휘하여 해결한다. 아이 스스로도 어리다고 생각하지 않는다. 학교에서는 최고 학년으로서 모범을 보이기 위해 노력하고, 가정에서도 부모와 형제를 배려하는 등 제법 어른스럽게 행동한다.

합리적 사고가 발달하면서 여러 지식들 간의 공통점과 차이점을 분석할 수 있으며 부족한 과목의 공부를 스스로 독려하거나 자신의 행동을 고치려고 노력한다. 저학년 때는 선생님을 신처럼 생각하지만 이제는 지식이 부족하거나 교수법이 진부하다고 생각되면 선생님 자체를 불신하고 무시한다.

논리적으로 따지는 것을 좋아하여 비합리적인 일이나 비논리적인 사항에 대해 가차 없이 비판하는 일이 늘어난다. 하지만 어른의 말에 자기만의 논리를 붙여서 해석하고 반항하다가도 "내가 언제 그랬냐."는 식으로 하룻밤에 생각을 바꾸기도 한다. 아직 사고가 미성숙하고 뚜렷한 가치관이 확립되어 있지 않기 때문이지만 다양한 관점을 받아들일 수 있다는 의미이기도 하다.

이 시기 아이들은 또래 집단을 중시하면서도 자기 옆에 앉은 짝꿍보다는 자기 반, 그보다는 우리 학교 더 크게는 우리 지역, 나아가 우리나라와 같이 자신이 속한 그룹의 범위를 조금씩 넓혀 감으로써 스스로 하나의 사회 구성원으로 인식해 나간다. 이와 함께 사회 전반에서 벌어지는 일들에 관심을 기울이는데, 다양한 언론 매체에 매력을 느끼며 사회적 사건과 현상에 흥미를 보인다. 그리하여 어른들의 이야기에 끼어드는 것을 좋아한다.

합리적 사고와 논리력이 발달하는 시기라고 하여 특정 분야의 책만 읽힐 필요는 없다. 편협한 시각과 정보만을 가질 우려가 있기 때문이다. 책을 골고루 읽음으로써 간접 경험을 풍부하게 쌓고 다양한 가치관과 접해야 한다. 이는 내 생각이 언제나 옳은 것은 아니며 이 세상에는 다채로운 생각이 있을 수 있다는 것을 알려 줘 다른 사람과의 상호 작용을 원활하게 한다.

또 독서를 통해 간접적으로 어른의 세계를 이해할 수 있게 된다. 이러한 과정에서 닮고 싶은 어른의 모습을 발견하기도 하고 다른 나라에 살고 있는 친구도 만나는 등 간접적인 상호 작용을 통해 타인의 마음을 이해할 수 있는 능력을 갖추게 된다.

적극적 읽기를 통해 논리적 사고력을 향상시켜라

올바른 책읽기는 논리적인 사고를 키워 준다. 풍부한 지식과 경험을 갖고 있는 6학년은 논리력을 키우기 위한 읽기 전략을 습득하고 이를 자유자재로 활용해 볼 수 있는 최적의 시기다.

저학년 때 길러진 상상력은 창의력의 기반이 되고, 여기에 다양한 영역의 책읽기로 쌓은 풍부한 지식과 정보는 옳고 그름을 판단하는 힘을 길러준다. 이를 바탕으로 형성된 논리력은 곧 의사소통의 기반이 된다.

논리력은 이처럼 비판적 능력을 포함하고 있기 때문에, 책을 읽을 때 지식과 정보를 적극적으로 받아들이는 전략을 활용하면 충분히 길러진다. 그렇다면 논리력을 키우는 데 어떤 책이 좋을까? 문학이든 비문학이든 모든 책을 활용할 수 있다. 논리력은 속성으로 배울 수 있는 능력이 아니라, 책을 읽고 깊이 생각하며 이를 내 것으로 만들기 위해 충분히 이해하고 이를 글로 쓰거나 남에게 이야기하는 과정을 반복하면서 만들어지는 것이다.

적극적인 읽기를 통해 논리적 사고력을 키워 보도록 하자. 적극적인 읽기는 학습 독서 전략과도 통하는데, 가장 기본적인 방법은 연필을 들고 읽는 것이다. 책을 읽다가 중요한 말이 나오면 밑줄을 긋고, 흥미로운 내용이나 마음에 와 닿는 내용이 나오면 옮겨 적는다. 그러면 책을 더 꼼꼼히 읽게 되고 기억에도 오래 남는 효과가 있다.

질문하며 읽는 것도 아주 좋은 방법이다. 책을 읽다가 이해가 되지 않거나 더 알고 싶은 사항이 있으면 이를 표시해 둔 뒤 책을 다 읽은 후 이를 확인해 보는 것이다.

가령 교과서에서 〈공정무역 초콜릿〉을 읽으면서 '공정무역이 무슨 뜻일까?' '공정무역 운동은 왜 필요할까?' '공정무역 초콜릿을 사면 아프리카 카카오 재배 농민들은 정말로 정당한 노동의 대가를 받을 수 있을까?'와 같은 질문을 만들어 볼 수 있다. 이러한 질문에 대한 답을 찾으며 읽다 보면 집중력도 높아진다. 답을 알 수 없을 경우에는 여러 차례 반복해서 읽어 보자. 그렇게 하여 얻은 깨달음의 희열은 경험해 본 자만이 알 수 있다.

또 읽으면서 핵심 내용을 요약하여 정리하는 것도 좋다. 굳이 공책에 할 필요 없이 책 안의 빈 공간을 활용해도 충분하다.

이렇게 적극적인 읽기를 하다 보면 책 안에 담긴 내용을 요약하고 의심해 보는 등 끊임없이 생각하며 읽게 됨으로써 논리력이 향상된다.

사실 적극적인 읽기는 아이가 자발적으로 하기 어렵다. 부모의 지도가 필요한데, 부모가 직접 해봐야 아이에게 가르치기 쉽다. 성인 대상의 도서도 좋고 아이들이 읽는 책도 좋으니 지금 당장 다양한 전략을 써서 책을 읽고 아이와 책읽기 방법에 관한 이야기를 나누어 보도록 하자.

부모의 가르침을 잔소리로 받아들인다면 고전을 읽혀라

고전은 오랫동안 많은 사람들에게 널리 읽힌 책이자 모든 지식의 근간이 되는 책이다. 최근 어른아이 할 것 없이 고전읽기 열풍이 불고 있어 반갑다. 고전읽기를 권하는 까닭은 삶을 살아가는 데 나침반이 되어 주기 때문이다. 아이는 자라면서 수많은 선택의 기로에 서게 되고, 숱한 시련과 좌절을 맛보게 된다. 이 순간들을 부모가 대신해 줄 수는 없다. 아이 스스로 선택하고 이겨 내야 한다. 이를 위해서는 올바른 가치관을 가져야 하고 현명하게 문제에 대처하고 해결할 수 있는 지혜를 쌓아야 한다. 이게 옳다, 저것은 그르다 하는 식으로 부모가 직접적으로 지도하는 것은 오히려 역효과가 날 수 있으니 고전읽기의 도움을 받아 보자.

초등학생에게 고전을 읽혀야 한다는 주장으로 고전에 대한 인식을 바꿔 놓은 송재환 선생님은 아이에게 긍정적이고 건강한 가치관을 심어 주는 방법으로 고전을 권하고 있다. 서로 다른 가치관을 가진 사람들의 갈등을 주로 다루고 있는 고전 문학을 읽으면서 자연스럽게 어떤 가치를 선택해야 할지 고민하게 된다는 것이다. 이러한 과정을 반복하는 사이 아이 나름대로 가치관과 판단력을 확립할 수 있다고 주장한다.

또 고전은 이미 앞서 삶을 살아간 성인(聖人)들의 고뇌와 깨달음을 담고 있다. 고전 속에서 문제의 해결책과 실마리를 얻을 수 있는 것이다. 일반적인 실용 도서나 인터넷에서 소개하는 임기응변식의 방법이 아니라 근본적인 해결의 실마리를 얻을 수 있다. 손정의 소프트뱅크 회장, 반기문 유엔 사무총장 등 성공한 사람들 가운데 고전을 즐겨 읽는 사람이 많은 것도 이 때문이다.

따라서 아이들이 고전읽기를 통해 자연스럽게 올바른 가치관을 확립하고, 삶의 지혜를 배울 수 있도록 도와야 한다. 고전의 장점은 비단 이뿐만이 아니므로, 그동안 고전이 아이에게 어려울 거라는 생각에 시도해 보지 않은 부모라면 꼭 도전해 보길 바란다.

간혹 고전이 좋다고 하니 무조건 빨리 읽혀야 한다고 생각하는 부모가 있는데, 고전읽기는 5~6학년 정도는 되어야 가능하다. 고전을 제대로 읽기 위해서는 정독하여 깊이 생각하고 분석하며 읽어야 하는데 고학년이 되어야 고전읽기에 필요한 분석력과 논리력이 발달하고 읽기능력이 완숙기에 접어든다. 물론 저학년에게 맞는 고전이 있기도 하지만, 가급적 5~6학년이 되었을 때 읽히기를 권한다. 고전 문학은 다양한 명작들이 잘 소개되어 있는 만큼 인문 고전 중에서 추천한다면 아이들이 비교적 이해하기 쉬운 〈명심보감〉, 〈어린이 사자소학〉 정도가 좋다.

'꿈'의 의미를 알 때 진정한 꿈을 갖게 된다

"우리 아이는 하고 싶은 게 없대요." "꿈이 없대요." 하며 하소연하는 부모를 종종 만난다. 부모는 언제나 아이에게 "하고 싶은 일이 있으면 뭐든지 해라." "꿈이 있으면 도전해라. 뒷받침이 되어 주겠다." 고 한다. 그런데 정작 아이에게 '꿈이 무엇인지.' '어떻게 꿈을 찾아가야 하는지.'에 관한 이야기는 해주지 않는다.

사실 아이들은 이 세상이 얼마나 넓은지 모른다. 자기가 할 수 있는 일들이 어떤 것이며, 또 꿈이 있다고 하더라도 어떤 과정을 거쳐 이룰 수 있는지도 잘 모른다. 그러다 보니 의사, 과학자, 변호사, 선생님 등 교과서에 자주 등장하는 직업들 가운데 가장 친숙한 것 하나를 자기의 꿈으로 고르는 경우가 많다.

6학년은 중학교 진학을 앞둔 때인 만큼, 아이의 꿈에 대한 방향을 잡아 줄 필요가 있다. 부모는 어려서부터 아이의 재능을 발견해 주기 위해 노력하지만, 예체능처럼 도드라지는 재능이 아니고서는 일반적으로 재능을 발견하기 힘들다. 그런데 재능이라고 하면 보통 운동을 잘하거나, 그림을 잘 그리는 등의 행동을 떠올리기 쉬운데, 삶의 태도 혹은 성격도 재능이라고 할 수 있다.

성실하고 인내심이 강한 것도 재능이며, 이러한 재능을 가진 아이는 어떤 목표를 달성시킬 힘을 가졌다고 할 수 있다. 특히 성실하고 근면한 생활 태도는 초등학교 시기에 반드시 길러 줘야 하는 능력이다.

꿈을 꾼다는 것은 무엇이 되고 싶은지, 어떤 사람이 되고 싶은지, 어떤 일을 할 때 행복할지 등에 대해 고민해 본다는 의미다. '꿈=직업 선택'이 아니라는 말이다. 부모는 아이가 이에 대해 충분히 고민해 볼 수 있는 환경을 만들어 주고 끊임없이 용기를 줘야 한다.

『존 아저씨의 꿈의 목록』(글담어린이)은 존 고다드가 127개의 꿈의 목록을 작성하고 111개의 꿈을 이룬 내용을 소개하고 있다. 천편일률적인 꿈에서 벗어나 자유롭게 꿈을 꾸고, 또 꿈을 기록하고 실현하게 도와주는 책으로 다양한 꿈을 주고 실행해 보도록 북돋는다.

부모는 아이에게 "꿈이 뭐야?" 혹은 "이 다음에 무엇이 될래?" 하는 질문을 많이 한다. 하지만 정작 꿈이 무엇이며, 왜 가져야 하고, 꿈을 가졌을 때 어떤 희망을 품게 되는지를 먼저 알려 준 부모가 얼마나 될까?

어떻게 알려 줘야 할지 잘 몰라서 못하는 경우도 있고, 자꾸 교육적인 말만 하게 되어 아이와의 대화가 성사되지 못해 그럴 수도 있다. 이는 자연스럽게 깨닫게 하는 것이 중요한데, 이럴 때 꿈을 가지고 행복해하는 사람들의 이야기나 이를 동화로 만든 이야기책을 권해 주면 된다.

『꿈 그리기』(푸른책들)는 우리 사회에 만연해 있는 남들이 부러워하는 직업에 대한 환상을 깨고 진정한 꿈의 의미를 생각해 보게 하는 책이다. 또 어른들의 권유와 바람으로 허울만 좋은 과학자의 꿈을 가진 주인공이 진짜 자신이 이루고 싶은 요리사가 되기 위해 계획을 세워 차근차근 실천하는 과정이 그려진 『꿈을 찾아 한걸음씩』(푸른책들)은 아이들이 꿈을 어떻게 이뤄 가야 하는지 그 방법을 넌지시 알려 주고 있다.

『숙제 주식회사』(우리교육)에서는 새로 온 선생님이 내준 숙제 '공부를 왜 해야 하는가'에 대한 답을 찾던 아이들이 미래는 스스로 만들어 가는 것이라는 깨달음을 얻는 내용이다. 이 밖에 '진짜 화가'의 꿈을 이루고자 하는 주인공의 가르침이 담긴 『나의 명원 화실』(비룡소)도 권할 만하다.

꿈이 명확해질수록 실현 가능성은 높아진다

공룡이 되고 싶다는 아이, 미스코리아가 되고 싶다는 아이 등 저학년 아이들은 아직 순수하여 상상만으로 자신의 꿈을 결정한다. 학년이 올라가면서 아이들은 좋아하는 분야가 생기고 조금씩 현실적인 꿈을 갖게 된다. 물론 아이들의 꿈은 하루에도 몇 번씩 바뀐다.

6학년 아이들은 자신의 미래에 대해 불안해하며 자신의 적성을 알고 싶어한다. 그래서 여러 가지 능력(적성)을 검사해 보고 싶어하는데, 이러한 검사를 실시하는 것은 진로를 탐색하는 데 분명 도움이 된다. 하지만 검사 결과를 맹신하지 않아야 한다. 이제 막 자신의 능력을 알아가기 시작하는 아이에게 한 번의 검사 결과로 진로를 선택하고 강요하는 것은 어리석은 일이다.

사실 부모는 마음이 조급하다. 아이의 재능을 빨리 발견하여 이를 발달시켜 주는 것이 부모의 역할이라고 생각하기 때문이다. 문제는 아이의 재능을 발견하지 못했을 때다. 이 경우 부모는 공부에 매달리게 된다. 재능으로 성공하지 못할 듯하니 성적이라도 높여 아이의 성공을 돕고 싶은 것이다.

재능이 언제 발현될지는 아무도 모른다. 재능을 발견할 수 있도록 다양한 일에 도전해 보고 성공과 실패의 경험을 반복해야 할 시기에 공부만 시키는 어리석은 행동을 해서는 안 된다.

부모는 아이의 꿈(진로)을 결정해 주는 사람이 아니라 꿈(진로) 선택에 도움을 주는 조력자다. 즉 아직까지 아이의 재능이 무엇인지 모르겠다고 하여 마음대로 삶의 방향(꿈)을 정해 줄 것이 아니라 이 세상에 얼마나 많은 꿈들이 있으며, 이 가운데 아이가 잘할 수 있는 것은 무엇인지를 알려 줘야 한다. 물론 일일이 체험을 통해 가르쳐 주면 좋겠지만 한계가 있으므로 책읽기로 도움을 줄 필요가 있다.

책을 읽히기 전에 먼저 아이에게 다음 질문을 해보자. 이러한 질문은 아이에게 어떤 책을 읽히면 좋을지 방향을 제시해 주기도 한다.

- 왜 꿈을 가져야 할까요?
- 미래에 어떤 사람이 되고 싶나요?
- 어떤 일을 하고 싶나요? 그리고 어떤 일을 잘한다고 생각하나요?
- 존경하는 인물이 있나요? 왜 좋은가요?

재능이 없는 아이는 없어요

『까마귀 소년』(비룡소)은 그림책이어서 저학년 때 읽은 아이도 있을 것이다. 그러나 고학년이 되어 다시 읽으면 재능이 없는 아이는 없다는 것을 깨닫게 되는 책이다. 선생님의 관찰로 따돌림 받던 아이의 인생이 달라졌다는 이야기다.

『열네 살의 인턴십』(바람의아이들)은 열네 살 루이가 미용실에서 인턴십을 하게 되면서 자신도 미처 몰랐던 재능과 열정을 깨닫고 미용사가 되기 위해 전력질주하는 이야기를 담은 책이다. 루이를 통해 아이들은 누구나 커다란 에너지를 가지고 있으며 수많은 가능성을 갖고 있다는 사실을 깨닫고, 자신에게도 어떤 재능과 열정이 있는지 알아보고 싶은 욕망이 생길 것이다.

꿈을 이룬 사람들의 이야기

꿈을 이룬 사람들의 이야기를 읽다 보면 그들처럼 되고 싶다는 마음이 생기게 된다.

『나는 어떤 어른이 될까요?』(토토북)에는 예술가 임옥상, 뮤지컬 기획자 박칼린, 시인 신경림, 만화가 이두호, 등반가 박영석 등 자신의 재능을 살려 멋지게 성공한 사람들의 이야기가 실렸다. 우리 아이가 꿈을 이룰 수 있을까

하고 걱정하는 부모가 읽어도 좋고, 아직 구체적인 꿈이 없는 아이들이 읽어도 힘이 되는 책이다.

『성격과 기질로 알아보는 롤모델 인물백과』(아름다운사람들)는 성격과 기질이 비슷한 사람들을 묶어 그 분야에서 성공한 사람들을 소개하고 있다. 자기의 성격과 기질 그리고 꿈을 연결해 가며 읽어 볼 수 있는 책이다.

『꿈을 이룬 99명의 꼴찌 이야기』(국일아이)는 정주영 회장, 데이비드 패커드 등 다른 친구들보다 부족하다는 평가를 받았지만 훗날 어느 누구보다도 멋진 삶을 살게 된 사람들의 이야기를 소개하고, 〈천재를 뛰어넘은 연습벌레들〉 시리즈(다산어린이)는 각 분야에서 성공한 인물들이 자신만의 성공 비결을 알려 주는 책이다.

🍒 아는 만큼 꿈이 다양해져요

『직업 옆에 직업 옆에 직업』(미세기)은 제목 그대로 이 세상의 다양한 직업을 소개하는 책이다. 기업이나 병원, 공항, 항구, 학교, 출판사, 방송국 등을 비롯한 수많은 직업과 함께 직업에서 사용하는 도구까지 안내하고 있다.

조선북스의 책 『13살, 내 꿈을 잡아라』, 『13살, 내 일을 잡아라』, 『10살에 꼭 만나야 할 100명의 직업인』은 인터뷰 잡지 형식의 책으로, 자신이 좋아하는 일을 하는 인물들과 그들의 직업을 소개하고 있다. 이와 유사한 형태의 책으로 각 직업의 특징과 그 일에 종사하는 사람들을 소개한 〈직업 탐색 보고서〉 시리즈(창비), 『열두 살 직업체험1, 2』(한겨레아이들), 〈직업의 세계가 궁금해〉 시리즈(주니어RHK)가 있다.

『십대를 위한 직업 콘서트』(꿈결)는 다양한 직업을 소개하고 관련 인물의 인터뷰를 추가해 현실성을 살렸다. 이 세상에 얼마나 많은 일들이 있으며 나에게 어울리는 일은 어떤 것인지를 알 수 있는 책이다. 그 밖에 『한 권으로 보는 그림 직업백과』(진선아이), 『넌 커서 뭐 할거야?』(서울문화사)를 통해 생소한 직업까지 두루 안내받을 수 있다.

이러한 책읽기로 꿈을 좀 더 구체화할 수 있다. 아이가 꿈을 발견하고 이를 실현하기 위한 방법을 모색할 수 있도록 부모는 도와야 한다. 꿈과 관련된 책을 함께 읽으며 "그 사람은 꿈을 이루기 위해 어떤 노력을 했니?" "이들의 모습에서 닮고 싶은 점은 무엇이니?" 하고 물어보자.

만약 아직까지도 진로에 대해 생각해 본 적이 없는 아이라면 좀 더 적극적으로 책을 통해 진로 탐색을 하도록 지도해야 한다. 다양한 직업을 소개해주거나 어떤 분야에서 성공한 사람을 소개한 책도 좋다. 독서를 통한 간접 경험은 자신의 진로와 적성을 찾는 바탕이 된다. 꿈이 명확해질수록 실현 가능성은 높아진다.